中央高校基本科研业务费专项资金资助（项目批准号2662019QD009）

融合发展时代
出版企业质量管理研究

胡程立　著

WUHAN UNIVERSITY PRESS
武汉大学出版社

图书在版编目(CIP)数据

融合发展时代出版企业质量管理研究/胡程立著.—武汉：武汉大学出版社,2023.12

ISBN 978-7-307-24071-1

Ⅰ.融… Ⅱ.胡… Ⅲ.出版业—企业管理—质量管理—研究—中国 Ⅳ.G239.2

中国国家版本馆 CIP 数据核字(2023)第 195697 号

责任编辑:陈　帆　　　责任校对:鄢春梅　　　　版式设计:韩闻锦

出版发行:**武汉大学出版社**　　(430072　武昌　珞珈山)

(电子邮箱:cbs22@whu.edu.cn　网址:www.wdp.com.cn)

印刷:武汉邮科印务有限公司

开本:720×1000　1/16　　印张:13.75　　字数:229 千字　　插页:1

版次:2023 年 12 月第 1 版　　2023 年 12 月第 1 次印刷

ISBN 978-7-307-24071-1　　　定价:67.00 元

目　录

第一章

绪　论

质量是人类生产生活的重要保障。党的十八大以来，在党中央领导下，我国质量事业实现跨越式发展，质量强国建设取得历史性成就。全民质量意识显著提高，质量管理和品牌发展能力明显增强，产品、工程、服务质量总体水平稳步提升。

然而，当今世界正经历百年未有之大变局，新一轮科技革命和产业变革深入发展，引发质量理念、机制、实践的深刻变革。面对新形势、新要求，必须把推动发展的立足点转到提高质量和效益上来。推动中国制造向中国创造转变、中国速度向中国质量转变、中国产品向中国品牌转变，坚定不移推进质量强国建设。

当前，我国质量水平的提高仍然滞后于经济社会发展，质量发展基础还不够坚实。质量作为繁荣国际贸易、促进产业发展、增进民生福祉的关键要素，越来越成为经济、贸易、科技、文化等领域的焦点。

1.1 研究背景

1.1.1 国家建设质量强国的战略需求

十九届五中全会公报和《中共中央关于制定国民经济和社会发展第十四个五年规划和二〇三五年远景目标的建议》(以下简称《建议》)明确提出，中国经济未来发展要以促进国民经济推动高质量发展为主题，坚定不移建设质量强国，提升中国经济质量效益和核心竞争力。高质量发展要求我们能够生产更多科技含量高、质量高、服务佳、附加值高的产品，不断满足人民群众个性化、多样化、不断升级的需求。《建议》中具体提出，到 2035 年建成文化强国的远景总体目标，并明确提出在"十四五"时期推进社会主义文化强国建设。出版在文化强国建设中如何发挥作用，"坚持质量第一，效益优先"的要求已经凸显。

2023 年中共中央、国务院印发了《质量强国建设纲要》，建设质量强国是推动高质量发展、促进我国经济由大向强转变的重要举措，是满足人民美好生活需要的重要途径。2023 年的《质量强国建设纲要》旗帜鲜明地指出，要开展质量管理数字化赋能行动，推动质量策划、质量控制、质量保证、质量改进等全流程信息化、网络化、智能化转型；鼓励企业提升全面质量管理水平，制定实施以质取胜的生产经营战略，创新质量管理理念、方法、工具，推动全员、全要素、全过程、全数据的新型质量管理体系应用，加快质量管理成熟度跃升。

1.1.2　媒体融合发展给出版业带来的巨大变革

进入 21 世纪以来，数字技术、信息技术、互联网的发展与出版业紧密结合形成了新型出版业态，改变了传统出版的业务流程。移动互联、媒介融合的快速发展，促使出版行业的转型升级步伐加速，给出版业在内容、产品、渠道、终端、服务等方面带来了巨大的变化。出版企业质量管理的对象、方式和手段面临新的挑战。2022 年 4 月 18 日，中共中央宣传部印发《关于推动出版深度融合发展的实施意见》的通知，强调根据《中华人民共和国国民经济和社会发展第十四个五年规划和 2035 年远景目标纲要》有关部署，对标《出版业"十四五"时期发展规划》，扩大优势内容供给，创新内容传播方式，着力打造品牌项目，这些都对出版企业的质量管理提出了更高的要求。在融合发展的新时代，优化出版企业质量管理，是事关出版业发展的重大现实问题。

1.1.3　我国出版业质量管理存在的现实问题

1978 年至今的 40 年间，我国的图书出版单位已由当初的 214 家增加至目前的 582 家，出书品种最高峰时期可达 44 万多种（2013 年），总印数高峰时期可达 83.10 亿册（2013 年）。随着 40 年来出版业的快速发展，出版业出现了结构性发展不均衡、低水平重复出版、编校质量不尽如人意等问题。

原新闻出版总署将 2007 年首次确定为"出版物质量管理年"，可以说拉开了出版物质量管理的序幕；2012 年被确定为"出版物质量规范年"；2013 年被国家新闻出版广电总局确定为"出版物质量保障年"；2014 年被确定为"出版物质量专项年"；2015 年被确定为"出版物质量提升年"。在近 20 年中，对以少儿读物、教辅读物、养生类等为重点的图书质量专项检查活动早已向纵深发展，包括从选题审核、成书质量检查和出版单位质量保障体系建设等各方面开展检查。

近 5 年来，国家对于出版行业的管理不断收缩，从追求规模为主转变到以质量提高为主。在这种趋势下，国内很多出版企业虽各有其质量控制方式，但作为管理体系，其系统化程度远远不够；管理理念上，多以控制编校质量为主；在管理层次上，未能打通全出版过程，多停留在单个环节的质量控制。国家颁布的《图书质量保障体系》等文件，实际指的是全国出版系统的宏观管理体系，所陈述的也多是出版行业管理部门如何对申报、引导、约束、监督、奖惩等进行宏观调控的内容，并未给独立的出版实体建立自身质量管理体系提出完整的规范，更未能反映在新业态下出版企业面对的新情况、新形势。

当今高质量发展的概念已经完全超越了国家出版管理层面提出的出版物质量"管理年""规范年""保障年""专项年""提升年"，也大大扩展了 2007 年至今的"质量管理+年份"行动的内涵。国家"十四五"规划颁布之后的"质量"一词高频出现，出版界对于高质量的探索更为迫切。

1.1.4 质量管理理论在其他行业应用所获得的效益

质量管理理论作为一种系统化的方法和策略，在各行各业都得到了广泛的应用，并取得了显著的成效。这些理论不仅有助于提高产品和服务的质量水平，还可以优化业务流程，提升客户满意度，以及增强组织的竞争力。

在制造业中，质量管理理论如六西格玛和 ISO 标准已经成为保证产品质量的重要工具。通过精细的质量控制和流程改进，制造商能够降低产品缺陷率，提高生产效率，从而实现成本节约和客户满意度的提升。在服务行业，质量管理理论被广泛用于提升客户体验和服务质量。从酒店业到医疗保健业，组织通过培训员工、优化服务流程以及实施客户反馈机制，不断改进服务质量，建立良好的声誉和客户关系。而在金融领域，质量管理理论也可以帮助提高金融产品的可靠性和安全性，减少风险，保护客户利益。通过规范化的流程、风险评估和合规性检查，金融机构能够提供更稳定和可信赖的服务。

因此，将质量管理理论引入出版业是十分有必要。媒体融合的时代，出版业正面临着产品形态、内容生产方式、营销渠道、用户等多方面的变化。及时引入质量管理理论可以帮助出版企业提供良好的产品和服务，提高用户满意度，以追求企业可持续发展的卓越绩效。

1.2　研　究　意　义

从媒介发展史来看，任何一种新技术的出现，都不会导致既有主流媒体的消亡，正如广播的出现并未直接导致报纸的消失，电视的出现并未直接取代广播。出版业在其发展历程中，经历了多次技术革命，从雕版印刷到信息技术的普及，虽然图书的形式从载体材料到制作工艺乃至生产流程不断发生变化，但出版业并未消亡，反而历久弥新，成为人类文明的主要载体。出版新业态的出现，一方面呈现出与传统业态血肉交融、一脉相承的状态，一方面又积极扩张和创新，以生产流程的数字化、营销渠道的多样化、产品形态的丰富化为特征，表现出渴望跳脱出传统出版的野心。随着信息技术的兴起与出版行业相结合产生各种新兴的出版业态，传统出版与数字出版融合发展，向用户（读者）提供多种形态出版产品或服务。在出版新业态下，出版质量管理存在哪些"变"与"不变"，是我们需要积极思索和应对的问题。在融合发展的新形势下，出版组织如何应对质量管理变革，通过转型升级走高质量发展之路，借鉴现代质量管理理论展开研究为出版业提供理论支撑是十分有必要的。

1.2.1　质量管理是我国出版业发展的内生动力

出版业在 21 世纪的今天正面临着前所未有的机遇和挑战。为了适应日益激烈的市场竞争和消费者需求的多样化，出版企业必须从组织内部寻找持续发展的内生动力。这种动力不仅仅是资金和技术，更多的是管理创新和组织文化的建设。

在过去的几十年里，出版业一直受到传统的体制束缚，但 21 世纪以来，随着体制机制的改革，出版业开始引入现代企业管理制度和管理理论，逐步从传统的计划经济向市场经济转型。这种转型不仅仅是外部环境的改变，更重要的是出版企业内部管理思维的转变。

全面质量管理作为一种现代管理理论，为出版企业提供了一个全新的管理视角。通过实施全面质量管理，出版企业可以更加系统地对待质量问题，从组织的各个层面进行质量管理，确保每一个环节都达到最优。这不仅可以提高经营管理者的质量管理水平，更可以提升生产者的质量意识和质量素养，使他们更加注重产品的质量和服务的质量。此外，全面质量管理还可以帮助出版企业更加科学地规划发展战略，明确质量方针和目标，建立完善的质量管理体系，形成高效的质量管理模式。这不仅可以提高企业的内部效率，还可以提高企业的市场竞争力。

在国内大循环的背景下，出版企业更需要加强质量管理。因为在这种背景下，消费者的需求更加多样化，市场竞争更加激烈。只有通过加强质量管理，出版企业才能更好地理解顾客的需求，提升对市场的开发和挖掘能力，满足消费者的需求升级，提高顾客满意度。

1.2.2 质量管理是增强企业竞争力的必然要求

出版组织在经营活动中，不仅仅是追求经济效益，更重要的是要实现社会效益和经济效益的双重目标。出版组织的特殊性在于，它既是精神生产者，又是物质产品生产者。这意味着，出版组织在追求经济效益的同时，更要注重社会效益，将其放在首位。

然而，在当前的市场环境下，一些出版单位为了追求短期的经济利益，忽视了对产品质量的管理，导致出版了一些内容质量不高、外观质量低劣的书籍。这种做法不仅浪费了有限的社会资源，更重要的是损害了读者的利益，降低了社会的文化品质，也影响了出版单位的长远发展。

为了改变这一现状，提高出版业的质量管理能力变得尤为重要。现代质量管理理论为出版组织提供了一套科学、系统的管理方法和工具，可以帮助出版组织建立起一个完善、高效的质量保证体系，确保其产品的质量始终处于行业的领先水平。

改革开放以来，我国的出版业已经取得了很大的进步，但在质量管理方面仍然存在一些问题。虽然出版界已经形成了一套完善的质量管理制度和技术操作规程，但在面对新的市场环境和技术变革时，这些制度和规程显得有些过时。为了适应新的市场环境，提高出版组织的竞争力，我们必须将现代质量管理理论引入出版组织的质量管理实践，确保出版组织始终处于行业的前沿。

1.2.3 质量管理是出版企业履行社会责任的题中之义

出版业在社会中扮演着至关重要的角色，它不仅仅是传播知识和信息的渠道，更是文化传承和创新的重要载体。因此，出版业的社会责任不仅仅是生产和销售书籍、报刊和数字出版物，更重要的是为读者提供高品质、有深度的内容，满足人们对知识和文化的渴望，助力于人们对美好生活的追求。

在当今社会，人们对精神文化的需求日益增强，出版企业作为文化产业的重要组成部分，有责任和义务为社会提供更多的精品内容。这不仅仅是企业的社会责任，更是企业自身的发展需求。只有生产出高质量的出版物，才能在激烈的市场竞争中立于不败之地，获得读者的认可和支持。因此，出版企业在追求经济效益的同时，更应该重视其社会责任，将质量管理放在首位。这不仅仅是为了满足市场的需求，更是为了满足人们对精神文化的需求，为社会创造更多的文化价值。

出版企业的社会责任，最终都体现在对质量的追求上。只有生产出高质量的出版物，才能真正地为社会创造价值。

1.2.4 出版业质量管理是发展具有中国特色的质量管理理论的必由之路

质量管理的学说和理论，大多起源于西方国家，经过长时间的实践和发展，已经形成了一套完善的体系。然而，当这些理论在 20 世纪 80 年代传入中国时，我们面临的挑战是如何将这些理论与中国的实际情况相结合，创造出一套既具有国际通用性，又具有中国特色的质量管理方法。

质量文化，作为质量管理的核心，是企业追求卓越的精神象征。它不仅仅是一套技术和方法，更重要的是一种价值观和理念。在出版业，质量管理的改革和发展，不仅仅是技术和方法的创新，更重要的是质量文化建设的深化。

我国的出版企业，在质量管理的实践中，面临的挑战是如何在吸收外来理论的基础上，结合我国的国情、出版行业的特点和企业的组织特性，进行理论创新。这不仅仅是技术和方法的创新，更重要的是价值观和理念的创新。中国传统文化中，有很多与质量管理相关的价值观和理念，如"工匠精神"代表了对工作的敬重和追求卓越的态度;"惜物节俭"代表了对资源的珍惜和合理利用的观念;"革故鼎新"则代表了不断创新和改进的精神。这些传统的价值观和理念,可以为我国的出版企业提供质量管理的理论基础和指导思想。

因此,我国的出版企业,在质量管理的实践中,不仅要吸收和学习外来的理论和方法,更要结合我国的实际情况,进行理论创新和实践创新。只有这样,我们才能真正地将质量管理理论与实践相结合,推动我国出版业的持续发展和进步。

1.3 国内外研究现状和趋势

1.3.1 国内研究概况

在中国知网以"出版物质量"为关键词进行搜索,可以找到期刊论文文献 874 篇,其中期刊论文 740 篇,学位论文 18 篇,会议论文 36 篇,报纸 54 篇。下文图 1-1 至图 1-6 均来自中国知网。

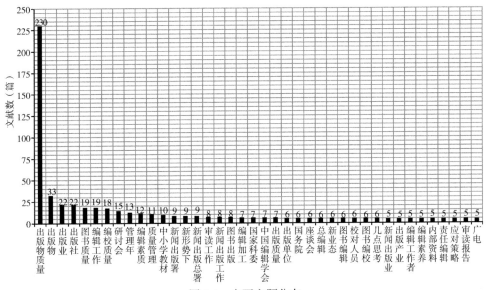

图 1-1 主要主题分布

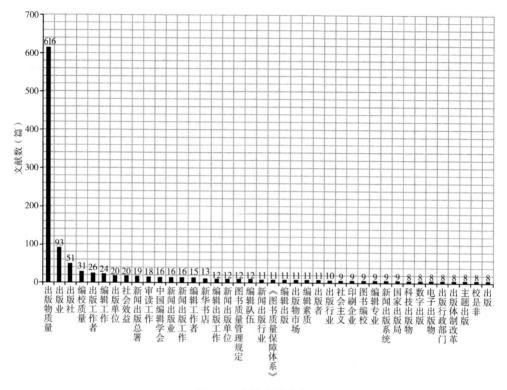

图 1-2 次要主题分布

1. 主题分布

从图 1-1 和图 1-2 可以看出，文献的"主要主题"和"次要主题"包括出版物质量、出版物、出版业、出版社、图书质量、编辑工作、编校质量、出版工作者、出版单位、社会效益等。

2. 学科分布

文献的学科分布主要集中在出版、新闻与传媒、工业经济、轻工业手工业、图书情报与数字图书馆、宏观经济管理与可持续发展等。在工业经济和轻工业手工业领域，主要讨论出版物的印制质量。而宏观经济管理与可持续发展领域主要讨论质量管理活动。

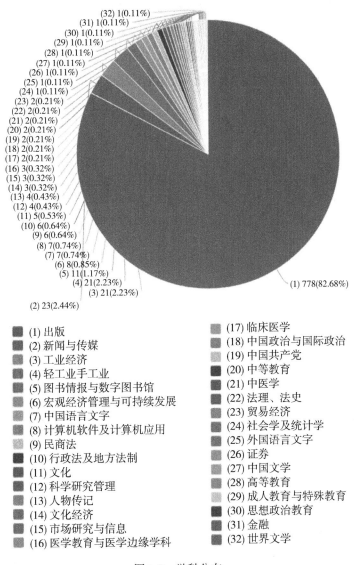

图 1-3　学科分布

(1) 778(82.68%)
(2) 23(2.44%)
(3) 21(2.23%)
(4) 21(2.23%)
(5) 11(1.17%)
(6) 8(0.85%)
(7) 7(0.74%)
(8) 7(0.74%)
(9) 6(0.64%)
(10) 6(0.64%)
(11) 5(0.53%)
(12) 4(0.43%)
(13) 4(0.43%)
(14) 3(0.32%)
(15) 3(0.32%)
(16) 3(0.32%)
(17) 2(0.21%)
(18) 2(0.21%)
(19) 2(0.21%)
(20) 2(0.21%)
(21) 2(0.21%)
(22) 2(0.21%)
(23) 2(0.21%)
(24) 1(0.11%)
(25) 1(0.11%)
(26) 1(0.11%)
(27) 1(0.11%)
(28) 1(0.11%)
(29) 1(0.11%)
(30) 1(0.11%)
(31) 1(0.11%)
(32) 1(0.11%)

(1) 出版
(2) 新闻与传媒
(3) 工业经济
(4) 轻工业手工业
(5) 图书情报与数字图书馆
(6) 宏观经济管理与可持续发展
(7) 中国语言文字
(8) 计算机软件及计算机应用
(9) 民商法
(10) 行政法及地方法制
(11) 文化
(12) 科学研究管理
(13) 人物传记
(14) 文化经济
(15) 市场研究与信息
(16) 医学教育与医学边缘学科
(17) 临床医学
(18) 中国政治与国际政治
(19) 中国共产党
(20) 中等教育
(21) 中医学
(22) 法理、法史
(23) 贸易经济
(24) 社会学及统计学
(25) 外国语言文字
(26) 证券
(27) 中国文学
(28) 高等教育
(29) 成人教育与特殊教育
(30) 思想政治教育
(31) 金融
(32) 世界文学

3. 发表年度

由图 1-4 可以看出，2005 年到 2008 年是以"出版物质量"为主题展开研究的高峰期，这可能与当时出版业体制机制改革的讨论有关，在转企改制的大背景下如何处理出版物质量中经济效益和社会效益的关系成为热门的话题。2013 年以后对出版物质量的关注一直比较活跃,这与人工智能、大数据、云计算等技术给出版业带来了融合发展的新业态趋势相吻合。在新的业态下,出版业开始重新思考出版物质量如何迎接新的机遇和挑战。这一趋势说明,在不同的历史背景和技术发展阶段,出版业都需要对出版物的质量进行重新审视,以适应时代的变迁和技术的进步。

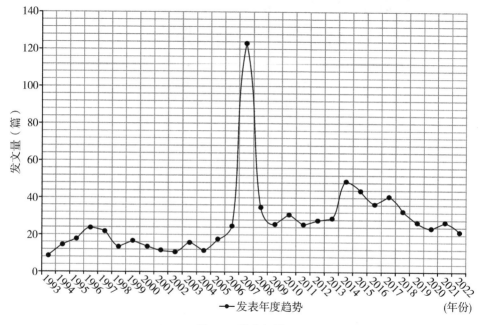

图 1-4 发表年度

4. 发文机构

从图 1-5 的发文机构来看,对"出版物质量"的关注不仅有高校,如武汉大学、北京印刷学院、南京大学、河南大学、中国人民大学、华中师范大学、陕西师范大学、湖南师范大学、北京师范大学、清华大学、中南大学等;而且有新闻出版总署、地方新闻出版局等行业行政主管部门和中国编辑学会等行业协会组织;此外,各出版单位参与研究,在数量上与高校不相上下,这说明学界与业界都十分重视出版物质量问题。

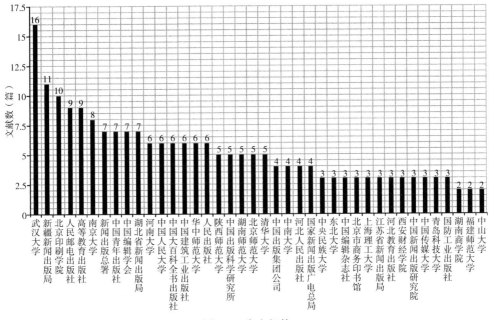

图 1-5　发文机构

　　学界通常会从理论和研究的角度进行深入探讨，而业界则更加关注实践应用和解决实际问题。行业行政主管部门和行业协会组织的关注则可能更加聚焦于行业的标准设定、政策制定以及对行业的指导。多角度、多方面的关注为我们提供了一个全面而深入的视角，帮助我们更好地理解出版物质量这一议题的重要性和复杂性。

　　总而言之，从历史的轨迹中，我们可以观察到这一主题如何与出版业的体制机制改革相互交织，并与新技术如人工智能、大数据和云计算的兴起产生互动。更为显著的是，不仅学术界的高校深入研究此议题，行业内的行政部门、专业协会，乃至出版单位也在实际应用中积极参与讨论。这种跨学科、跨行业的多方关注展现了出版物质量议题的重要性和其所涉及的广度。为了更深入地解析这一领域的研究动态与成果，以下对相关文献进行综述，以期对出版物质量的议题有更为全面和深入的洞察。

1.3.2　国内研究文献综述

　　在融合发展的时代背景下，出版企业如何进行质量管理，以保障其产品和服务的高标准，成为学术与实践界的焦点问题。为深入探讨这一主题，本书以"融合发展""出版企业""出版物质量""出版管理""质量管理""出版产业""质量控制"等关键词在多个主要学术数据库中进行了检索。在初步的筛选过程中，共找到近200篇相关文章。经过进一步的审查和筛选，本书选取了其中的20篇文献作为主要的参考资料，以构建对此问题的全面认识。接下来，我们将对这些文献进行系统的综述，探讨融合发展背景下出版企业在质量管理上面临的变革、主要策略及应用前景。

1. 融合发展给出版业带来的变革研究

（1）融合发展背景下的出版业态

曹世生、范军（2020）认为新技术与出版的深度融合是出版高质量发展的基础，出版业融合发展主要表现在知识服务平台的新业态、融合出版产品的新形态和移动社交阅读的新生态。徐诗荣（2020）认为，在媒体深度融合时代，包含产品、用户和生产者三大要素的新型图书出版生态将变得更为强大。朱胜龙（2020）认为，融合发展是出版业必由之路，融合发展的过程是理念创新、业态创新、路径创新的过程。

（2）媒体融合对编辑出版工作提出的新要求

卢雪华（2020）认为，融媒体环境对出版编辑力提出新要求，包括互联网思维、媒体融合理念与应用、资源拓展整合、创新营销方式渠道、传统出版与数字出版一体化协作等。宁伟（2020）认为，出版全媒体融合阶段编辑人员应关注目标用户需求，建立贯通全过程的大编辑运作机制，做好出版物的传播者、把关者。

（3）融合发展时代出版业产品和服务创新

王亮、张佳倩（2020）提出5G时代要利用"5G+互联网"进行产品和服务模式创新，深化知识服务，开发出版物高保真衍生品。宋吉述、朱璐（2021）认为，聚焦科技融合和业态创新，出版业应加快文字内容的富媒体化，打造内容与技术相结合的多元化产品体系，建立产品与服务相结合的多元化商业模式。张新新、陈奎莲（2020）认为，5G技术赋能和融合发展的背景下，出版业在内容制作、产品形态、用户体验、行销模式等方面，都显示出新内涵和新特征。李艳华（2020）认为，在融合发展与数字化转型背景下，出版企业要建立电子书、数据库与出版平台的产品形态，完善出版产业链，提供增值产品与服务。

（4）融合发展时代出版企业的运营管理机制

符晓静（2020）探讨了媒体融合发展中传统出版企业管理运营机制的具体问题及解决方法，通过加强流程管理，探索适应出版融合时代管理与运营机制，以促进传统出版的转型升级。

2. 出版企业质量管理研究

（1）出版企业质量管理体制机制研究

温建龙、马爱梅（2016）从国家出版政策方针、技术标准及业务工作要求等方面出发，探讨了从管理体制和运营机制上保障图书整体质量的具体措施和基本思路。谭跃（2014）认为，加强出版物质量管理方面的工作就是"坚持一个原则、搞好两手抓、提高三种能力、明确四级责任、完善五个机制、增强六种意识"，用体制机制改革保障出版质量。

（2）出版企业质量过程管理研究

林青山（2018）认为，坚持将社会效益摆在首位，同时根据图书内容质量的特点，对内容从创作到持续改进实行"全过程"的管理。任明萱、周俊华（2018）认为，出版组织图书质量管理体系对保障图书质量发挥了至关重要的作用。从图书出版前端的选题确立到后端的印制成书全过程，质量管理都应贯穿其中。各个环节的有效运行才能确保图书质量达到应有的要求。魏春玲、雷鸿昌（2016）认为，图书质的全流程管理模式，用完备的制度建构过程控制环路，用过程控制杜绝质量管理漏洞。

（3）出版企业质量保障和评价体系研究

齐峰（2014）分析了影响我国出版文化产品质量评价的主要因素、出版文化产品质量评价的特点、出版产品质量评价的偏差和不足，为搭建框架性（企业、政府、行业协会）的质量评价体系提出建议。邢海鹰（2013）依据已有保障体系和工作实践，以系统论的视角阐述了从宏观图书质量、中观图书质量、微观图书质量、出版人员质量等四个方面来一体化实施和开展图书质量建设的思想。

（4）质量管理理论在出版业的应用研究

周蔚华（2019）指出，要用"大质量观"来看待出版质量，以客户满意作为质量评价的最高标准，出版界要引入科学的质量管理方法和工具，朱兰质量管理理论对提升我国出版质量的具有现实的借鉴意义。于玲玲(2019)将全面质量管理学的理念引入图书出版质量管理工作中，以图书出版全流程的实际情况和特点为出发点，结合中国水利水电出版社质量管理工作中的实践探索，对图书出版质量管理的全面质量管理模式进行分析。孟坤(2017)将质量风险管理方法应用在出版物质量管理中，通过风险识别和评估、风险控制，抓住质量管理关键点，实施行之有效的管理措施，为出版社的持续发展奠定基础。

1.3.3　国外研究现状和趋势

质量管理已经成为现代企业追求卓越绩效的核心竞争力。一系列的学术研究已经证实了质量管理对企业成功的重要性。在这方面，国外许多研究者都有所贡献。然而，研究成果多见于讨论质量管理在制造业、服务业等领域的应用，论及在出版业实施质量管理的文献十分有限。

Baack A. J. 早在 1998 年的研究中专门针对中国国有企业进行了探讨。他认为，这些企业要想成功实施全面质量管理和相关管理技术，首先必须转变其固有的质量文化。这意味着，国有企业需要调整其价值观、管理哲学和行为模式，以适应现代的质量管理要求。

Tarí J. J. (2005)在研究中进一步扩展了质量管理的边界。他强调，现代企业在追求全面质量管理时，不能仅仅依赖先进的技术和工具，还需要有一个以人为本的管理文化。这意味着企业不仅要培训员工熟练掌握各种工具和方法，还要确保员工充分理解和认同企业的质量目标。

Gadenne D. 和 Sharma B. (2009)的研究深入探讨了全面质量管理在学术研究领域的重要性，他们强调，企业的质量管理不仅影响其生产和服务的质量，更会对整体绩效产生积极影响。一个系统性、健康且运行良好的质量管理体系可以显著提升企业的绩效，不仅从经济角度，也从员工满意度和客户满意度等多个维度。

Lkay M. S. 和 Aslan E. 在 2012 年的研究中进一步指出，质量管理并不是一个孤立的活动。他们发现，那些获得质量体系认证的组织通常会有更好的质量实践。而且，相比于依赖外部激励，那些采用内部激励机制的组织在绩效上往往更胜一筹。

Khiste G. P. (2018)深化了对全面质量管理重要性的认识,他指出,全面质量管理不仅仅是为了制造业或传统意义上的生产企业。实际上,这种管理方法在科学、社会科学、艺术和人文科学中同样有其价值。通过全面质量管理,研究者可以更有效地查找、分析和共享信息,从而提高研究和出版的效率。

综上所述,质量管理不仅仅是一个技术问题,更是一个涉及文化、人、技术和制度的综合性问题。对于任何想要在今天这个竞争激烈的市场中取得成功的企业,质量管理都是关键。

1.3.4 文献述评

综上所述,随着媒体融合进程的加快,出版企业质量管理面临新的局面。相关研究已取得了很多成果,但现有研究也有不足,主要存在以下问题。

第一,研究的深度不够。造成出版产品质量滑坡的原因是多个层面的,研究者多着眼于技术层面而忽略了由经营理念、管理模式等引起的出版产品质量下降。

第二,研究的系统性不足。出版企业质量管理是一个系统工程,出版产品质量的高低在很大程度上是一个出版企业整体水平和综合实力的反映。对出版产品质量问题的论述不应只针对编辑或编辑工作,而应运用系统论的观点、从全过程控制的角度出发,进行分析和研究。

第三,研究针对性强,但不全面。就现有的研究资料看来,研究者一般是就出版产品质量某一方面的问题展开论述,如选题质量、编校质量等,或者仅就某一类图书的质量进行议论,如翻译图书、辞书、少儿读物等,缺少对于分类行业标准和社会监督评价体系等内容的相关研究。

第四,结合现代质量管理理论对出版组织的质量管理进行系统、深入研究的成果并不多见。

综上,本研究试图尽力避免以上研究的不足,吸收其有益的经验总结,结合朱兰质量管理理论,以期为出版企业在媒介融合发展过程中的质量管理工作提供借鉴。

1.4 研究对象、研究方法与思路

1.4.1 研究对象

本书的研究对象为出版企业质量管理的理念、制度和行为实践。具体有：(1)传统的出版企业质量管理模式，包括国家的法律法规、行政管理、行业监督与企业自律、出版企业内部管理体系等。(2)在融合发展新业态下，出版企业内、外部质量管理所面临的机遇与挑战。(3)全面质量管理理论视角下，朱兰质量管理三部曲在出版企业的运用。(4)出版企业质量文化建设路径。

1.4.2 研究方法

1. 文献分析法

通过对相关文献的梳理和分析，了解国内外出版企业质量管理的研究进展、热点和趋势，有助于掌握出版企业质量管理的核心理念和方法，为本书的研究提供思路和框架。此外，文献分析有助于发现研究中的盲点和不足，为后续的研究提供方向。

2. 实地调研法

课题组于 2021 年 2 月至 2022 年 3 月期间先后到国内多家出版单位进行实地调查，采用深度访谈等形式对质量管理部门的相关负责人展开调研，对典型案例进行详细记录，撰写调研纪要。

3. 案例研究法

收集文献资料与典型案例，同时结合实地调研获取的资料，深入探索全面质量管理理论与出版质量管理实践相结合的逻辑机理与优化路径。

1.4.3 研究思路

本书的研究思路如图 1-6 所示。

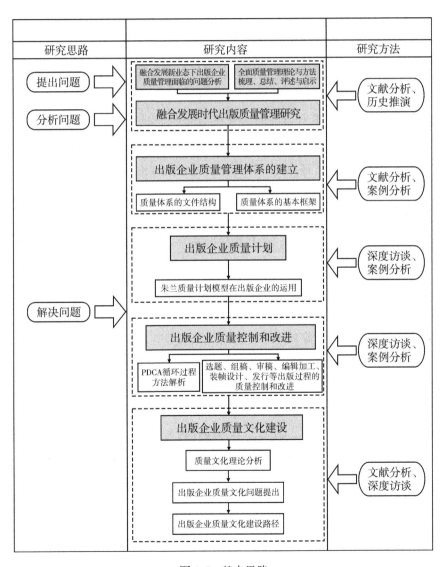

图 1-6 基本思路

1.5　主要研究内容与创新点

1.5.1　主要研究内容

第一章　绪论。阐述了本论题的选题背景、研究方法、研究对象、研究目标等内容。文献综述全面回顾和梳理了当前国内外学者关于融合发展时代出版企业质量管理研究的情况。指出当前国内外出版企业质量管理的研究都不充分的事实，呼吁学界和业界加强对出版企业质量管理相关研究话题的关注。

第二章　出版质量管理概述。从人们对质量内涵的认识出发，结合全面质量管理理论的相关概念和理论分析，厘清图书质量的概念及其特征，明晰出版企业质量管理的内涵和主要内容。总结出融合发展时代背景下出版企业质量管理面临的变革主要集中内容生产方式、产品物质形态、产业运作模式等方面，由此引出全面质量管理理论如何作用于出版企业质量管理的讨论。

第三章　媒体融合时代出版企业质量管理变革与困境。从宏观的国家行政管理、中观的行业协会管理、微观的企业组织内部管理三个层级描述了出版业质量管理体系的现状，探讨了媒体融合发展时代出版业在产品、内容、营销方式等多个方面的变革，以及在这种变革的局面下出版企业在质量管理理念、质量管理机制、质量管理措施和质量管理标准上存在的问题。

第四章　出版企业质量管理体系的建立。讨论了 ISO9000 质量管理体系对出版企业的管理效用以及出版企业引入 ISO9000 族质量管理标准体系的可能性，阐释了 ISO9000 族标准质量管理体系的七大原则，并以此为基础探讨了出版企业建立质量管理体系的关键点，为出版企业如何实施 ISO9000 质量管理体系给出了具体的方案。在章末，以案例分析的方式展现了出版企业实施 ISO9000 质量管理体系的最佳实践，总结经验并讨论了可能存在的问题。

第五章　出版企业质量计划。以"朱兰质量管理三部曲"质量计划、质量控制和质量改进三个阶段，划分出版企业质量管理过程，可将选题质量管视为出版企业质量管理的质量计划。此部分是"朱兰质量管理三部曲"与出版组织质量管理相结合的第一步。朱兰质量计划模型包含六个步骤,可与选题质量管理中的选题质量规划、选题质量设计、选题质量论证形成对应关系。

第六章 出版企业的质量控制和改进。此部分是"朱兰质量管理三部曲"与出版组织质量管理相结合的第二步和第三步。PDCA 循环是质量管理的基本工作程序,基于 PDCA 循环的工作原理,图书的出版过程可分为选题策划、组稿、审稿、编辑加工、装帧设计、发稿与校对、发行七个小循环,这七个小循环构成出版过程的大循环。图书质量管理工作大环带动小环,通过质量控制和改进取得螺旋式上升的效果。

第七章 出版企业质量文化建设。出版组织的质量管理不仅要有"硬措施",而且要有"软实力"。质量文化建设就是出版组织质量管理的软实力。从质量文化的基本概念入手,解析质量文化的表现形态、基本特征、功能和作用,探讨了企业质量文化与社会质量文化的关系。继而根据出版企业质量文化建设的实践现状,分析其原因,并提出出版企业质量文化建设的路径和模式。

1.5.2 创新点

1. 学术思想的创新

全面质量管理理论在其他行业已被广泛应用和取得显著成效,而在出版业尚未被深入、系统地推广使用。本研究成果是一次全面质量管理理论在出版业的探索,也是一次全面质量管理理论中国化的过程。

2. 视角的创新

本成果首次用朱兰质量管理三部曲对出版企业质量管理的阶段进行了明确划分,为推动出版企业质量管理的优化提供了可能。

3. 观点的创新

本成果认为出版企业质量管理不应停留在聚焦于产品质量的"小质量观",而应扩展到关注出版全过程、相关方及内外部环境的"大质量观"。

第二章

质量管理理论基础

早在远古时代，人们就有了对质量最初的判断，即哪些东西是优良的，哪些东西是劣质的。人们在实践中获得的判断物品使用价值的经验一代代地流传下来，形成了人类对质量的最初认识。对于质量的认识成为人类生存和进步必备的知识。

后来，随着人类社会的发展和生产力水平的提升，人们开始制造一些产品用于交换以满足生活需求。这种交换本质是商品的使用价值的交换，而质量就是使用价值的体现，这赋予了质量经济内涵。只有质量优良的物品才具有较高的交换价值。

当人类进入工业社会，大批量的产品从流水线上被生产出来。为了满足批量生产的需要，此时的工业产品有了明确的设计和规格要求。为了提升工业生产中的产品质量，人们不断尝试采用不同的生产方法来改进产品的质量。在批量化的生产中，统计学家们开始用统计学方法研究在工业生产中产品的一致性和对标准的符合性问题，质量科学的概念逐步形成；与此同时，在大规模的生产中，如何高效地进行分工协作，在质量方面把控生产的各个环节成为一个非常重要的问题，质量管理也由此诞生。

2.1 质量内涵的演变

人们对质量的认识是变化发展的。这种变化反映了质量作为一门学科的知识积累和科学进步的程度。

1. 基于评判的观点

休哈特认为质量存在客观和主观的两个方面，客观方面是指产品可测量的物理特性，需要确定衡量的尺度；主观方面是指人们对产品的感受、体验，不容易被精确定义。

2. 基于生产的观点

克劳斯比指出：质量意味着符合要求的程度而不是"好"的程度，因为"好"

是主观的描述。基于这一思路，他认为质量是符合性，是符合质量标准的特性，因为顾客总是在变，而质量标准是客观稳定的。由此质量管理就转换成是否有不符合要求的产品的问题，从而能明确企业在质量管理中的标准。

3. 基于社会责任的观点

田口玄一从产品对社会的责任定义质量，低质量是导致社会资源浪费的一个重要方面。如果产品质量越差，对社会的损失就越大，他强调从产品或者服务对社会的总体负面效应来认识质量，建立起质量管理要对整个社会负责的基本理念。

4. 基于用户的观点

全面质量管理之父费根堡姆从满足顾客的期望定义质量，质量的高低是由顾客评价的，产品和服务要满足顾客的期望。因此，质量管理人员最关键的任务是在产品生产的不同阶段，确认顾客关于质量定义的演变。著名质量管理大师朱兰博士认为质量是"适用性"（Fitness for use）而不是"符合性"，产品质量的好坏由用户说了算，提升质量旨在实现更高的顾客满意度，同时降低返工、减少投诉，企业以此提升效率。按照这种理解的质量含义同时是"顾客满意"和"成本降低"导向的，高质量的产品和服务在满足顾客需求的同时也会降低成本。

5. 国际标准化组织定义质量

国际标准化组织所制定的 ISO8402—1994《质量术语》标准中，对质量的定义是：反映实体满足明确和隐含需要的能力的特性总和。用"实体"代替过去使用的"产品或服务"。2000 年版 ISO9000 标准将质量定义修改为"一组固有特性满足要求的程度"。①

6. 刘源张的"三全"理念

刘源张提出了中国的全面质量管理理论和方法，认为产品质量（包括服务）

---

① R. W. 霍耶，布鲁克·B. Y. 霍耶，颜福祥. 何谓质量？世界八位著名质量专家给质量定义[J]. 中国质量技术监督，2002(1)：52-54.

是创造和提供产品以及与此有关的整体工作的质量的结果；质量管理不但需要考虑包括经济效益和时限性内容的"全方位质量"，还要做到"全过程控制"，而且要实现企业全员参与。他指出，要用工作质量保证过程质量，用过程质量保证产品质量。①

7. 现代大质量观

"大质量"的概念由朱兰博士提出，是对"质量"概念的重要拓展。质量从狭义的产品质量(结果质量)，扩展到包括设计质量、生产、服务等全过程(涵盖核心业务流程和支持性业务流程)、全周期、全员、全部门等方面在内的广义的质量。"大质量"建立在"全面质量"的基础之上。目前，世界各个著名质量奖都以"大质量"的概念来评价一个组织在质量方面的成就与贡献。对于一个组织而言，"大质量"反映了组织的"运营质量"(涵盖战略、决策、规划、设计、体系、流程、利益相关方的感知等)。产品、技术、研发能力、创新能力、服务、顾客满意与忠诚等都是"运营质量"的结果体现。需要指出的是，"大质量"观包括制造、服务、政府、社会组织在内的所有领域。

2.2　产品、质量和图书质量概念

要正确认识图书质量，必须充分理解质量概念。而讨论质量问题，必须对质量的实体——产品有明确的认识，所以我们首先讨论产品的概念。

2.2.1　产品的概念

什么是产品？对于产品的认识，不同的人有不同的观点，从不同角度所看到的也不一样。现代市场营销学认为，产品是能够在市场上得到的、用于满足人们

---

① 刘明. 温故知新，薪火相传：重温"中国质量之父"刘源张院士论述中国全面质量管理[J]. 上海质量，2019(6)：17-20.

需求和欲望的任何东西，包括实物、软件、服务、设计。简单地说，产品就是满足人们消费需求的一切物品和服务。① 在质量管理领域中，随着质量管理理论和实践的发展，人们对产品的认识已经有了一个基本的说法。2000 年版 ISO9000 族标准使用的产品（product）概念是一种广义的概念，将产品定义为"过程的结果。包括硬件、软件、服务和流程性材料"②。硬件和流程性材料类的产品通常是指有形产品，也被称为货物。硬件与流程性材料的差别在于量的特性，前者有计数的特性，后者有连续的特性。软件和服务类的产品通常指无形产品，前者由信息组成，如计算机程序、工作手册等，后者通常是在供方和顾客接触面上的一项或多项活动的结果，如产品维修、提供咨询等。在现实生活中，人们接受的许多产品往往是由上述多种类别的产品组合构成的形式存在，如购买汽车、计算机或住宾馆，人们得到的是硬件、软件、服务以及流程性材料综合而成的产品。所以，对产品概念的认识不是一件简单的事情，有一个逐步认识、不断完善的过程。如果在产品概念上存在较为模糊的认识，那么，对于质量的认识也会受到很大影响。

2.2.2　质量概念

什么质量？这是一个既熟悉又难以回答的问题，似乎谁都知道什么是质量，但谁又很难说清楚什么是质量。人们总希望有一个标准的质量概念解释，以便大家对质量有一个统一的认识。到底有没有标准呢？有。经过质量管理理论界和实践界的专家们许多年的研究和实践，在 1986 年发布的 ISO8402《质量管理和质量保证》标准中提出了质量的定义。14 年后，最新的质量概念（quality）在 2000 年版 ISO9000 族标准中给出，其定义为：一组固有特性满足要求的程度。所谓的特性（characteristic）是指可区分的特征，如物理方面的特征、感官上的特征、组织或行为的特征、功能性的特征等。要求（requirement）有指明的，也有隐含的或必须履行的。有些企业比较幸运，有非常明确的、发展比较稳定的顾客需求和期望，

---

① 吴楚媛，主编；罗明，旷虎兵，副主编．市场营销学［M］．上海：上海财经大学出版社，2018：57.

② 李学方．质量管理体系要求理解与应用［M］．北京：知识产权出版社，2003：22.

比如稳定顾客的长期订单；有些企业面临的顾客需求和期望却是一直在改变的或是比较模糊的，比如出版企业面对不同的读者，他们会带来眼花缭乱的且不断变化的需求和期望。顾客对质量的判断总要有个明确的事物对象，通常这一对象是产品。从产品质量的角度，其质量特性可概括为性能、寿命、可信性、安全性、适应性、经济性等。性能通常指产品在功能上满足顾客要求的能力；寿命是指在满足规定使用条件下产品正常发挥功能的持续能力；可信性包括可用性、可靠性、维修性和保障性；安全性是指产品服务于顾客时保证人身和环境免遭危害的能力；经济性是指产品寿命周期的总费用的大小。顾客对质量特性的感受直接影响其购买行为及购买后的满意程度，而这种感受是综合的，是产品在性能、寿命、可信性、安全性、适应性、经济性等方面的综合表现。

2.2.3　图书质量概念

不同的产品具有不同的质量特性，而图书是精神文化产品与物质产品的结合体，其质量又有着自己的评价标准。通常人们评价一本书的好坏，既包括对图书内容是否满足需要的评定，也包括图书的装帧设计、使用性能上是否让用户（读者）满意。基于产品质量的内涵，图书质量就是用户（读者）能享有的，满足他们心理（精神）和生理上的需要的图书产品及其服务。

图书产品的二重性特征使得图书产品质量必须从物质产品属性和精神产品属性两个方面进行分析。图书的物质产品属性，使其质量表现出普通物质产品的特点；图书精神产品的属性，又使其质量表现出不同于普通物质产品的特性。这两种属性的交织，使得对图书质量的认识比对一般的物质产品要更为复杂。

根据图书产品二重性的特征，我们可以将图书质量从内容和形式两个方面考量。内容方面的质量评价主要是指对图书产品的思想性、科学性、艺术性、可读性、实用性及符号表达的通用性方面的评价。它是图书质量的灵魂和核心，涉及选题、组稿、审稿、编辑加工等出版过程。形式方面的质量评价主要指图书在呈现方式上的表现形式，包括图书产品开本的大小、用纸质量、印刷水平、装帧设计的艺术性及耐用度等，涉及装帧设计、印制、装订等出版过程。

图书作为出版社向社会提供的产品，承载着精神劳动和物质劳动的总和。从营销学的角度，图书产品是通过交换能够满足读者精神需求和利益的有形物体及无形服务的总和。它通常包括核心层、形式层和延伸层三大部分。图书产品的核心层，它是指图书产品提供给读者的实际效用或利益，是读者需求的中心内容。图书产品的形式层，即图书产品的具体物质形态，包括图书的载体类别、品牌、包装、封面、插图、开本等内容。形式层是核心产品的表现形式，它虽不涉及图书的内容实质，但当这种形式与图书的内容联系在一起时，读者才可以更便利地获得图书的内容，而且好的形式还可以给读者带来心理上的满足。图书产品的延伸层，是图书产品各种附加利益的总和，是整体图书产品提供给读者的一系列附加服务，包括售前、售中、售后的各种服务。从质量管理理论角度，图书产品是一系列出版过程的结果，包括硬件(图书的物质载体形式)、软件(图书所包含的知识内容)及服务(出版发行过程中的信息提供、运输等)及流程性材料四个部分。图书产品质量的内容，简单地说，就是图书消费者能享有他们所购买的标准可靠、称心满意的图书产品及其系列服务，以满足他们心理(精神)和生理上的需要。具体包括出版社的图书产品及其价格、装帧、设计、内容、价值、印制、特色、品牌、文化品位、系列服务等方面。

基于对图书产品概念的认识，图书质量包括内容质量、形式质量和服务质量三个方面。图书内容质量是指图书产品的思想性、科学性、艺术性、可读性、实用性及符号表达的通用性，它是图书质量的灵魂和核心。形式质量则包括图书产品开本的大小、用纸质量、印刷水平、装帧设计的艺术性及耐用度等，既能强化其内容特色，又可增加其欣赏、适用、保存的价值。图书的内容质量由出版人(编辑、审读人员)通过书稿的选择和加工提炼这一过程来决定。图书的形式质量是由出版人通过对出版物的印装工序来实现。服务质量是图书质量的延伸，包括产品的供应是否及时、充分，价格是否公正、合理，提供的信息是否准确等。

从出版社管理的角度来看，图书质量包括微观质量和宏观质量两个方面。根据 2004 年 12 月 9 日新闻出版署署务会议通过的新版《图书质量管理规定》，图书质量包括内容、编校、设计、印制四项，这里的图书质量指的是图书产品的微观质量。从整体考察，评价图书的质量状况包括两个方面的内容：一是每一种图书自身是否具有价值，也就是图书的微观质量；二是各类图书的构成比例和总体特征，也即图书结构是否合理。

2.2.4 图书质量六要素

"质量"这个词经常用来表达某些产品的相对价值，如"优质"或"劣质"。例如，"生活的质量"，这是一个已经用滥的套话。为此必须明确，质量就是符合要求。在企业中，"质量"必须被明确地表达，以确保其不会被误解。然后持续地加以测量，以确保符合这些"要求"。凡是有不符合"要求"的地方，就表明质量有欠缺。这样，质量问题就转换成了是否有不符合要求的问题，"质量"也就清晰了，而且是可以测量的(有明确的界限)。对图书产品而言，衡量它的质量必须具备以下六个要素。

1. 选题质量

在出版领域，选题的地位就如同建筑中的基石，它不仅决定了作品的基调和方向，更是整本书成功与否的关键。每一本书背后，都有一个精心挑选的选题，这不仅仅是一个标题或简单的概念，而是编辑与作者经过深入研究、探讨和思考的结晶。这样的选题，如同图书的灵魂，能在第一时间吸引读者的目光，激起他们的阅读兴趣。

一个出色的选题，有如磁石的吸引力，它能够引导编辑明确地布局内容，为作者提供丰富的创作灵感。反观那些平庸的选题，即使编辑投入再多的心力，也难以让作品脱颖而出。成功的图书，不论是文学作品还是学术著作，它们的背后往往有一个共同的特点：都源于一个深入、独特且有见地的选题。

在出版物市场中，那些内容单薄、缺乏独特性的图书，很可能就是因为在选题阶段就已经失误。这些图书在市场上很难获得好的表现，因为它们缺乏与读者产生深度连接的能力。因此，选题的质量不仅关系到图书的内在价值，更直接影响到图书的市场竞争力。在这场激烈的市场竞赛中，出色的选题就是最佳武器，它的重要性不容小觑。

2. 稿件质量

优秀的图书往往是一流选题与一流作者的完美结合。选题，作为图书的灵魂，决定了作品的方向和深度；而作者，则是将这一灵魂赋予生命的关键。如果作者未能准确捕捉并深入理解编辑的选题意图，即使是再出色的选题，也可能因为不当的处理而变得平淡无奇，从而错失了将一个卓越的选题转化为经典之作的机会。

书稿的写作质量，无疑与作者的写作技巧和深度紧密相关。一位杰出的作者能够敏锐地洞察编辑的选题构思，基于此明确自己的写作方向，选择最为适宜的文体和表达方式。他们通过独特而生动的文笔，不仅忠实于选题，更能超越选题，为读者呈现一个立体、深入的作品。

然而，市场上有些图书，尽管选题极具前瞻性和深度，但由于作者的写作水平未能达到预期，导致整体作品的质量大打折扣，未能满足读者的期待。这种情况下，即使选题再出色，也难以掩盖作品的不足。

稿件质量的高低，虽然不如选题那样一眼可见，但它对于图书的整体质量、读者的接受度以及市场的反响同样具有决定性的影响。因此，在追求一流的图书时，我们不仅要注重选题的创新和深度，更要确保作者的写作质量与之相匹配，共同打造真正的经典之作。

3. 外观质量

图书的外观质量，也称为图书的物理形态或外在表现，涵盖了图书的开本形式、装帧设计、印装工艺等多个方面。一本真正高质量的图书，其内容与形式应当相得益彰，共同构建出一个完美的整体。图书的外在形式，尤其是装帧设计，不仅是对内容的补充和呈现，更是对读者的第一印象。

封面，作为图书的"脸面"，其设计美观与否，往往直接影响到图书在市场上的吸引力。在书店的琳琅满目中，一本设计独特、色彩搭配得当的图书封面，往往能够引起读者的注意。只有当图书成功吸引了读者的目光，才有机会进一步引导他们深入了解内容，从而促成购买。

然而，有些图书，尽管选题出色且内容深入，却因为装帧设计不当，而在众多图书中黯然失色。这不仅是对内容的不尊重，更是对读者的一种失落。此外，许多出版社在追求封面设计的创新时，往往忽视了书脊的重要性。实际上，当图书被摆放在书架上时，首先进入读者视线的往往是书脊。一个设计巧妙、信息清晰的书脊，不仅能够帮助读者快速识别图书，还能增强图书的整体美感。

总的来说，图书的外观质量不仅仅是对内容的一种包装，更是图书品质的重要体现。出版社和设计师应当深入理解图书的内容和定位，从而为其打造一个既美观又实用的外观，确保图书在内容与形式上都达到最佳状态。

4. 价格质量

日本的质量管理专家石川馨认为，质量反映顾客的满意程度，高质量就是满足顾客不断变化的期望，他强调价格的作用，认为价格是质量的重要组成部分。图书与其他商品不同，其价格通常在出版前就已明确标注。因此，图书的"价格质量"实际上是指图书定价的适当性。

如果图书定价过高，与其实际价值不符，超出了读者的接受范围，这将导致潜在的读者群被吓退，这种现象实际上反映出图书产品的价格质量存在问题。当前，许多出版社的图书定价策略相对主观，更多地依赖于经验和直觉。图书的价格下限是其成本，而上限则是读者对其价值的认可度。如果价格低于成本，图书将无法盈利；而价格过高，超出读者的认可度，将形成一道隔离图书与读者的无形屏障，进而妨碍图书社会效益和经济效益的实现。

对读者而言，他们更关心图书的价格，而非出版社的制作成本。因此，出版社在定价时，除了考虑成本外，还应更加重视市场需求和读者对图书的价值认知。然而，这一点在实际操作中往往被忽视。图书的价格问题已成为出版界的普遍难题。高昂的图书定价导致部分读者群体被排除，市场需求减弱。销售量的持续下滑使得出版社的平均印刷量减少，从而提高了单位图书的制作成本。面对不断上升的成本，出版社往往选择进一步提高图书价格，形成了一个恶性循环。

5. 编校质量

图书的编校质量，相较于其选题和外观质量，更为隐晦，不易于初次接触时立刻辨识。这种质量的体现往往需要读者深入阅读后才能明确感受。编校质量不仅关乎图书的完整性和准确性，更直接影响出版社的整体形象。

经验丰富的读者在选择图书时，往往倾向于选择那些历史悠久、声誉卓著的出版社出版的作品。这些出版社之所以能够在市场上长盛不衰，很大程度上归功于他们对图书编校质量的持续重视。这种对质量的坚守不仅为他们赢得了读者的信赖，也为他们在激烈的市场竞争中获得了有利的地位。

随着社会的进步和教育的普及，读者的质量意识日益增强。一本编校不当、充斥错误的图书，不仅会损害出版社的声誉，还可能影响作者的职业生涯。在图书编校领域，哪怕是微小的1%的疏忽，都可能导致整体质量的100%的下降。这种失误的代价是沉重的，可能导致图书的销量骤减，甚至引发读者的广泛不满。

因此，出版社和作者应达成共识，图书的编校质量不仅是对内容的尊重，更是对读者的尊重。在这个信息爆炸的时代，只有高质量的图书才能在市场上脱颖而出，赢得读者的心。

6. 市场质量

图书的市场质量反映了其在市场上的竞争力、销售表现及其销售的持续时间。这一质量维度是图书的选题、写作、外观、价格和编校质量的综合结果。如果这些关键环节中的任何一个出现问题，图书的市场质量都可能受到影响，从而削弱其在市场上的竞争地位。观察当前的图书市场，我们会发现大多数图书的销售表现一般。有些图书，尽管选题出色、写作质量上乘，却因为定价策略失误、外观设计不当或印刷质量不佳，而导致其市场表现不尽如人意。这种情况无疑是一个巨大的遗憾。

近些年，出版社面临的退货率持续上升，这背后的核心问题是对图书市场质量的忽视。为了确保图书的长期市场竞争力，出版社应该在图书的策划、制作和销售过程中都给予市场质量足够的重视。对于那些从一开始就市场潜力有限的图书，出版社应该在早期阶段进行筛选，避免资源的浪费。同时，对于那些具有市场潜力的图书，出版社应该确保各个环节的质量都达到最佳，从而最大化其市场价值。

2.3　出版企业质量管理

时至今日，一代代出版人积累了丰富的出版质量管理经验。《图书质量管理规定》《图书质量保障体系》和《报纸期刊质量管理规定》，虽然主要针对图书、报纸和期刊出版工作，但对于其他出版物的质量管理也有指导意义。国家通过落实选题论证制度、选题报请审核备案制度、三级审稿制度等图书质量管理基本制度来保证出版物质量。然而面对融合发展的时代背景和一直未能得到彻底解决的图书质量问题，我们还必须在质量管理理论指导下努力探索和发展出版企业的质量管理之路。

2.3.1 质量管理

根据 ISO9000：2015 标准的定义，"质量管理"是"关于质量的指挥和控制组织的协调的活动"，它"包括制定质量方针和质量目标，为实现质量目标实施的质量策划、质量控制、质量保证和质量改进等活动"。主要内容包括如下几点。

第一，质量方针是组织质量管理的行动指南，由最高管理者发布。第二，质量目标是关于组织质量管理要追求的结果，是动员和组织员工实现组织质量方针的具体体现。第三，质量策划是制定质量目标，识别顾客需求，规定必要的过程，调配适当的资源以实现质量目标。第四，质量控制是确保产品、过程、体系的固有特性达到规定的要求。第五，质量改进在于从过程管理中找出问题，降低成本，在现有基础上的提高和创新，以提升满足质量要求的能力。

在实际工作中，组织运营还包括生产、营销、财务、供应链等管理过程。这些管理过程本身都需要质量活动，其工作目标都包含向顾客提供满意的产品和服务。

2.3.2 全面质量管理

随着信息科技革命的更迭，知识经济时代的到来，人们对质量的认识不断更新，对解决质量问题的方法和手段的认识不断创新和融合，促进了质量管理理论的发展。

质量管理理论经历了质量检验、统计质量控制之后进入了全面质量管理阶段。全面质量管理以满足顾客的需求为宗旨，对产品质量的全过程实施管理。全面质量管理运用系统论的观点，通过提高工作过程的质量，保证体系质量，从而实现产品质量的提升；它综合运用多种管理方法，以实现更高的质量和更好的经济效益。

改革开放以后，全面质量管理在我国不同类型的组织中得到了广泛深入的推行，有制造业、服务业、教育业等，均取得了良好的效果。结合我国企业全面质量管理的实践，以刘源张院士为代表的我国质量专家将全面质量管理的主要特征，总结为"三全一多样"，即全员、全过程、全组织的质量管理，采用多样性的管理工作方式。实践证明，全面质量管理"三全一多样"的工作方式，对我国企业的质量管理活动起到了重要的指导作用，已成为我国企业开展全面质量管理活动的出发点和落脚点。

2.3.3 朱兰质量管理三部曲

质量管理是一套普遍性的方法，具有广泛的适用性，各种组织都可以应用这套方法来确保所有的产品服务和过程满足利益相关者的需要，以便达到良好的效果。朱兰质量管理三部曲是 J. M. Juran(朱兰)提出的一个质量管理概念，其主张组织在追求质量卓越的过程中，应当分步骤、有序地进行质量计划、质量控制和质量改进的活动(如图 2-1 所示)。朱兰的这一观点强调了质量不仅仅是一次活动，而是一个持续的、周期性的过程。每一步都需要组织的深入参与和承诺，确保产品和服务始终满足或超越客户的期望。

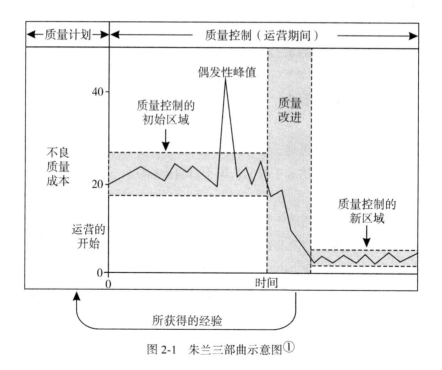

图 2-1　朱兰三部曲示意图①

———————

① 约瑟夫·A. 德费欧. 朱兰质量手册　通向卓越绩效的全面指南[M]. 北京：中国人民大学出版社，2014：84.

朱兰质量管理三部曲体现了创造高质量的产品服务和过程所要求的普遍原理，反映了对质量进行管理的核心过程。质量计划旨在明确组织的质量方针和质量目标，识别顾客需求，并规划和部署实现这些目标的过程，是质量管理的核心。质量控制就是通过运用过程管理方法，落实质量控制措施，降低不良成本，实现质量目标的过程。质量改进是指运用多种手段和工具找出问题，加以改进，实现质量水平的螺旋上升。

2.3.4 出版企业质量管理的概念

1. 出版企业质量管理的定义

为了确保图书质量，出版组织需要将众多的质量职能有机地结合在一起，为了使这些活动相互配合协调一致，质量管理应运而生。因此，结合质量管理的相关概念，我们可以给出版企业质量管理下一个定义，即出版组织建立质量管理体系，进行质量策划、质量控制和质量改进，实施所有质量职能，实现质量方针和目标的活动。

2. 出版企业质量职能

产品质量要经过多个必须联系又互相制约的过程才能形成这些为使产品或服务具有满足客户需要的质量而进行的职能业务活动的总和就叫作质量职能。出版组织的质量职能由各职能部门分别承担，例如编辑部、出版部、发行部等，但质量职能不等于部门职能。

3. 出版企业质量管理的内涵

出版企业质量管理的内涵应当包括以下内容：
(1)建立质量管理体系进行系统有效的出版质量管理。
(2)质量方针和目标靠质量策划分解为具体的质量管理活动。
(3)质量控制致力于满足顾客需要以及降低成本。
(4)质量改进的实质是持续不断的纠正和预防措施。
(5)质量文化的建设是质量管理的软实力。

2.4 出版业质量标准

2.4.1 质量标准概述

所谓质量标准，指的是衡量某一事物或工作应达到的水平、尺度和必须遵守的规定。对企业来说，为使生产经营有条不紊地进行，从原材料进厂，到产品销售等各个环节，都必须有相应的质量标准作保证，它不但包括各种技术标准，而且还包括管理标准和工作标准。

1. 技术标准

技术标准是指经公认机构批准的、非强制执行的、供通用或重复使用的产品或相关工艺和生产方法的规则、指南或特性的文件，有关专门术语、符号、包装、标志或标签要求也是技术标准的组成部分。技术标准的实质是对生产技术设立的必须符合要求的条件以及能达到此标准的技术。

技术标准研究和管理专家普遍认为，技术标准的发展与科学技术的进步密不可分。技术标准以科学技术和实践经验的综合成果为基础，在市场经济条件下，科技研发的成果通过一定途径转化为技术标准，通过技术标准的实施和运用可以促进科技研发成果转化为生产力；而在技术标准实施以及科技研发成果转化为生产力的过程中，市场的信息和反馈又可反作用于技术标准的修订，促进科技研发活动，从而促进技术标准和科技的发展。

2. 管理标准

管理标准是对企业中重复出现的管理业务工作所规定的各种标准的程序、职责、方法和制度等，是组织和管理企业生产经营活动的重要手段。制订管理标准的目的是为合理组织利用和发展生产力，正确处理生产、交换、分配和消费中的相互关系，并科学地行使计划、组织、领导、控制等管理机构的职能。

管理标准可以分为生产组织标准和管理业务标准：（1）生产组织标准是为合理组织生产过程和安排生产计划而制订的，包括生产能力标准、资源消耗标准，以及对生产过程进行计划、组织、领导、控制的方法、程序和规程；（2）管理业务标准包括计划供应、销售、财务等方面的行为标准。它是指依据管理目标和相关管理环节的要求，对业务内容、职责范围、工作程序、工作方法和必须达到的工作质量、考核奖惩办法所规定的准则。

3. 工作标准

工作标准是指一个训练有素的人员完成一定工作所需的时间。工作人员完成这样的工作应该用预先设定好的方法，用正常的努力程度和正常的技能(非超常发挥)，所以也称为时间标准。

制定工作标准的关键是定义"正常"的工作速度，"正常"的技能发挥。因此，必须寻找一个能够反映大多数人正常工作能力的标准。这种标准的建立，只凭观察一个人做一个产品的时间显然是不行的，必须观察一定的时间、做一定数量的产品，并观察若干个人，然后用统计学方法得出标准时间。此外，即使经过以上步骤建立起工作标准，在实际工作开始之后，也仍需不断观察、统计，并适时进行修正。工作标准有助于制订合理的生产运作能力计划任务分配以及生产运作程序设计。

根据完成各项工作任务所需的标准时间，企业可以根据市场对产品的需求制订人员计划和设备计划，包括设备投资和人员招聘的长远计划。也就是说，企业首先根据市场需求决定生产量，然后根据生产量和标准时间可决定每人每天的产出以及所需人数，再根据每人操作的设备和人员总数决定所需设备数量，在此基础上就可以制订设备计划和人员计划。此外，生产进度计划的制订也应以精确的标准作业时间为基础，标准作业时间是决定生产周期的重要前提。

2.4.2　我国质量标准分级

根据《中华人民共和国标准化法》的规定，我国质量标准分为四级：国家标准、行业标准、地方标准和企业标准。①

1. 国家标准

国家标准是指由官方标准化机构或政府授权的有关机构批准、发布，在全国范围内统一适用的标准。我国国家标准由国务院标准化行政主管部门编制计划和组织草拟，并统一审批、编号和发布。我国国家标准的代号，用"国标"两个字汉语拼音的第一个字母 G 和 B 表示。强制性国家标准的代号为 GB，推荐性国家标准的代号为 GB/T。国家标准的编号由国家标准的代号、国家标准发布的顺序号和国家标准发布的年号三部分组成。

2. 行业标准

中华人民共和国行业标准是全国性的各行业范围内统一的标准。对没有国家标准而又需要在全国某个行业范围内统一的技术要求，可以制定行业标准。行业标准由国务院有关行政主管部门制定，并报国务院标准化行政主管部门备案。行业标准是对国家标准的补充，行业标准在相应国家标准公布后自行废止。

3. 地方标准

地方标准是指在某个省、自治区、直辖市范围内需要统一的标准。对没有国家标准和行业标准而又需要在省、自治区、直辖市范围内统一的工业产品的安全和卫生要求，可以制定地方标准。地方标准由省、自治区、直辖市标准化行政主管部门制定，并报国务院标准化行政主管部门和国务院有关行政主管部门备案。地方标准不得与国家标准、行业标准相抵触，在相应的国家标准或行业标准公布后，地方标准自行废止。

4. 企业标准

企业标准是指企业所制定的产品标准和在企业内需要协调、统一的技术要求和管理、工作要求所制定的标准。企业生产的产品在没有相应的国家标准、行业标准和地方标准时，应当制定企业标准，作为组织生产的依据。在有相应的国家

---

① 宁凌，唐楚生. 现代企业管理：第 2 版［M］. 北京：机械工业出版社，2019：126.

标准、行业标准和地方标准时，国家鼓励企业在不违反相应强制性标准的前提下，制定充分反映市场、用户和消费者要求的，严于国家标准、行业标准和地方标准的企业标准。企业标准由企业制定，由企业法人代表或法人代表授权的主管领导批准、发布，由企业法人代表授权的部门统一管理。企业的产品标准须报当地政府标准化行政主管部门和有关行政主管部门备案。

2.4.3 现行的出版业质量标准体系

为了保证图书的质量，我国不仅制定了有关的国家标准，如《关于出版物汉字使用管理规定》《中文书刊名称汉语拼音拼写法》（GB 3259—1992）、《标点符号用法》（GB/T 15834—2011）、《图书书名页》（GB 12450—2001）、《图书在版编目数据》（GB 12451—2001）、《校对符号及其用法》（GB/T 14706—1993）等；还制定了一系列的行政法规和规章，如《中华人民共和国国家通用语言文字法》《出版管理条例》《图书质量管理规定》《图书质量保障体系》。这些标准和规定对于图书的质量作出了明确的规定。除此之外，从图书是一种产品的角度出发，与产品质量相关的法律法规对于图书产品的质量控制都有一定的效力，如《中华人民共和国产品质量法》《中华人民共和国消费者权益保护法》《反不正当竞争法》《广告法》等。其中《出版管理条例》《图书质量管理规定》《图书质量保障体系》当为图书质量管理标准的核心。

《图书质量管理规定》《图书质量保障体系》，虽然主要针对图书，但对于其他出版物的质量管理也有指导意义。

1. 对图书质量的管理

根据相关规定，图书质量包括内容、编校、设计、印制四项。四项均合格，则成品图书的质量合格；若四项中有一项不合格，成品图书的质量属于不合格。内容、编校、设计（出版形式）、印制四项均合格的图书、报纸、期刊，其质量属合格。内容、编校、设计（出版形式）、印制四项中有一项不合格，其质量属不合格。

（1）内容质量标准

内容质量标准以上述《出版管理条例》第二十五条、第二十六条的相关规定为依据。《出版管理条例》第二十五条规定的是任何出版物不得含有的内容；第二十六条规定了以未成年人为对象的出版物不得含有的内容。凡符合这些规定的图书，其内容质量属合格；凡不符合这些规定的图书，其内容质量属不合格。

违反上述规定的出版物，实施者要承担相应的法律责任，收到行政处罚或刑事处罚。

国家通过落实选题论证制度、选题报请审核备案制度、三级审稿制度等图书质量管理基本制度来保证出版物质量。

（2）编校质量标准

图书编校质量标准以差错率为依据。图书编校差错率，是指一本图书的编校差错数占全书总字数的比率，用万分比表示。差错率不超过万分之一的图书，其编校质量属合格；差错率超过万分之一的图书，其编校质量属不合格。实际鉴定时，一般依据抽查结果对全书进行认定。如对某图书检查了十万字，结果发现两个差错，则其差错率为万分之零点二，其编校质量属合格。

图书编校质量差错的判定以国家正式颁布的法律法规、国家标准和相关行业制定的行业标准为依据。根据《图书质量管理规定》所附《图书编校质量差错率计算方法》，图书编校质量差错主要包括文字差错、标点符号和其他符号差错、格式差错三类。

（3）设计质量标准

设计质量主要涉及图书的设计。凡是整体设计和封面（包括封一、封二、封三、封底、勒口、护封、封套、书脊）、扉页、插图等设计均符合国家有关技术标准和规定，其设计质量属合格；如这些方面的设计中有一项不符合国家有关技术标准和规定，其设计质量属不合格。

（4）印制质量标准

符合我国国家标准《纸质印刷产品印刷质量检验规范》（GB/T 34053.3—2017）规定的图书、期刊，其印制质量属合格；不符合该标准规定的图书、期刊，其印制质量属不合格。

2. 图书质量监督检查及奖惩措施

（1）图书质量监督检查

各级出版主管部门实施的图书质量监督，采用抽样检查方法。抽样检查有两类：一是有重点、有目的、有针对性地组织有经验、有水平的审读人员，随机抽样审读所辖地区出版单位出版的和市场上销售的图书，对质量优秀的图书向读者大力推荐，对质量有问题的图书及时处理并向上级汇报；发现倾向性的问题，则向上级汇报，并向出版单位发通报。二是每年由出版单位和出版主管部门对图书进行质量抽样检查。

抽查的方式主要有两种：一是各出版单位每年对自己所出图书的质量至少分别进行两次自查；二是国家出版主管部门根据全国图书质量实际情况及读者的反映，每年选取部分出版单位的图书，进行质量抽查。

（2）保障图书质量的奖惩措施

出版主管部门根据图书质量检查结果，对出版单位和个人进行奖励或处罚。对在图书质量检查中被认定为成绩突出的出版单位和个人，出版主管部门将给予表扬和奖励。

对不能保证图书质量者，出版主管部门将予以处罚，具体处罚措施如下：

①对内容不合格图书的处罚措施

对出版了内容不合格图书的行为人，予以行政处罚或刑事处罚。行政处罚由出版主管部门衡量违法行为的情节严重程度后依法实施，主要包括：责令限期停业整顿，没收出版物及违法所得，并处以罚款，由原发证机关吊销许可证。刑事处罚是由人民法院对行为人依法定罪量刑。这主要适用于违法行为情节严重且触犯刑法者。

②对编校质量、印制质量不合格图书的处罚措施

编校质量不合格的图书，若差错率在万分之一以上、万分之五以下，出版单位必须自检查结果公布之日起30天内全部收回，改正重印后方可继续发行；若差错率在万分之五以上，出版单位必须自检查结果公布之日起30天内全部收回，自行处理或者予以销毁。

印制质量不合格的图书，出版单位必须及时予以收回、调换。

自检查结果公布之日起30天后，如果已定为不合格的图书仍在市场上销售，由省级及以上出版主管部门按照《中华人民共和国产品质量法》对出版单位进行处罚。

对于出版编校质量不合格图书的出版单位，由省级及以上出版主管部门给予警告，并可以根据情节处3万元以下罚款。年新版图书品种有10%以上质量不合格的出版单位，必须进行停业整顿。

（3）对不合格图书直接责任者的处罚措施

1年内造成3种及以上图书不合格的直接责任者，或者连续2年造成图书不合格的直接责任者，取消其出版专业职业资格并注销登记，且其3年之内不得从事出版编辑工作。

第三章
融合发展时代出版业质量管理变革与困境

随着科技的飞速发展和社会的不断进步，出版业正处于一个深刻的转型期，特别是在融合发展的大背景下，这不仅为出版业带来了前所未有的机遇，也带来了一系列的挑战和困境。质量管理作为出版企业的核心竞争力，其重要性不言而喻。然而，传统的质量管理模式是否适应当前的发展趋势？融合发展时代为出版业的质量管理带来了哪些变革？出版业面临着哪些新的问题和挑战？本章将深入探讨这些问题，以期为融合发展时代的出版业质量管理提供一些新的思考和方向。

3.1　我国出版业质量管理现状

从产业层面来讲，完善的出版业质量管理体系通常包括三个层级：宏观的国家行政管理、中观的行业协会管理、微观的企业组织内部管理。

3.1.1　国家行政管理

为保证出版物质量，我国政府陆续制定并实施了一系列相关的政策法规，如《图书质量保障体系》《图书质量管理规定》《书刊印刷产品质量监督管理暂行办法》《报纸期刊质量管理规定》《图书出版单位社会效益评价考核试行办法》等。这些政策法规不仅对出版过程进行了详细的规定，还对出版活动的参与者提出了具体要求，通过这些制度的相互作用和配合，建立起了全面覆盖出版活动各个方面和阶段的出版物质量管理体系。

1. 出版业的"四大准入"制度

出版业的"四大准入"原则，包括法人准入、产品准入、职业准入和岗位准入制度，它通过对拟进入出版市场的生产经营者、产品和从业人员以及出版单位的重要岗位设置进入或上岗条件，确保从事出版活动的公民或法人具备一定资质、进入市场流通的出版物质量达到相关标准，从而将不合格的出版物控制在生产流通之前，实现对出版物质量管理的事前预防。[①]

[①]　黄先蓉，陈文锦. 新时代新阶段再谈严把出版物质量关的重要性[J]. 科技与出版，2023（5）：72-78.

　　简而言之，法人准入制度为出版领域的市场参与者提供了明确的进入和退出标准。其进入条件确保参与者有从事特定出版业务的资质，而退出条件则采纳市场机制，淘汰不符合标准的参与者，避免市场过度饱和。这样可以筛选并保留高质量的出版主体，优化资源分配并提高出版物的质量。而产品准入制度则对市场中的出版物进行质量审查，作为国家根据实际情况管理出版物质量的策略，其实施更为灵活。如"十三五"时期，针对图书品种结构问题，出版主管部门以书号控制和压缩了新书出版品种数；在网络游戏领域，出版主管部门也曾以版号限制倒逼游戏行业精品化；"十四五"时期，针对电影内容质量问题，出版主管部门以电影发行许可控制，限制了低质量电影的上映；在音乐产业中，出版主管部门采用音乐版权控制来鼓励音乐创新和高质量作品的推广。

　　职业准入和岗位准入制度针对出版行业员工进行管理，它设定了从业者的入职和晋级标准，以确保从业者的专业能力满足工作要求，进而提升行业整体水平。这种事前筛选的"准入"机制是我国出版物质量控制的核心，也是确保其他相关管理政策有效实施的关键。

2. "三审三校"制度和出版流程质量控制

　　"三审三校"制度面向出版内容，通过界定出版物的生产流程，将出版物市场主体内部各部门、各环节的质量管理活动严密组织起来，以此建立起出版物内部质量保证体系。同时，依据国家颁布的图书质量标准，确保各阶段生产流程产出符合内容、形式、编校、印制质量规定的出版产品，实现对出版物质量管理的过程。

　　我国出版社实行的三审制是 20 世纪 50 年代初借鉴苏联的做法建立起来的一项重要制度，对于提高编辑审稿水平、保证图书出版质量发挥着重要作用，普遍为各出版单位所采纳。三审指对稿件的审查程序，包括编辑初审、编委或编辑室主任复审和主编或总编辑终审。针对"买卖书号"风和"无错不成书"现象，新闻出版署 1994 年 6 月发布《关于加强图书审读工作的通知》，强调"必须加强三审制"。1997 年的新闻出版署令《图书质量保障体系》特别规定："要切实做好初审、复审和终审工作，三个环节缺一不可。三审环节中，任何两个环节的审稿工作不能同时由一人担任。"对于专业性比较强的书稿，还有必要组织外审。在三个审级中，初审、复审、终审之间形成"交叉互补、递进制约"的关系。

三校指书刊校对至少要有三个校次：在排版毛校的基础上，打样送出版单位一校，改版后再打样送出版单位二校，第三次送校后经核红方可将书稿付印。根据目前出版单位的实际情况，一般并不限于三个校次，有的达五六校之多。

一方面，这一制度确定了出版物审校的标准化流程，即每种出版物在编辑和校对阶段都必须经过责编初审、编辑室主任复审和总编辑终审的三级审核以及专职校对人员的 3 个校次，从而保证出版物的内容和编校质量；另一方面，它将各出版流程的质量责任落实到人，规定责任编辑和责任校对所负责的出版物质量承担直接责任，以奖惩机制提升责任主体的质量意识，敦促其严格把控出版物质量。

3. 出版物质量检查与出版单位年度核验

出版物质量检查与出版单位年度核验是对已经进入市场的出版物和出版单位进行监督检测，从结果上直接考评出版物质量与出版单位质量管理制度的落实情况，查找不合格现象的原因并制定整改措施，从而实现对出版物质量管理的事后监管。①

早在 20 世纪 90 年代，国家出版主管部门就数次开展出版物质量检查活动，原新闻出版总署首次将 2007 年确定为"出版物质量管理年"，可以说拉开了国家行政管理部门对出版物质量管理的序幕。出版主管部门连续开展出版物质量监督检测和专项检查工作，采用出版单位自查、省级出版管理部门和主管部门检查、国家出版主管部门抽查的三级检查办法，涉及出版物内容质量、编校质量、制作质量等多个关键方面。检查完成后，相关部门会及时进行质检结果的反馈和分析。根据质检结果对出版物市场主体进行奖惩，这一措施旨在敦促出版物市场主体强化质量意识、落实质量管理制度，同时为出版主管部门后续的质量管理工作提供决策依据。

出版单位年度核验是指根据《出版管理条例》《图书出版管理规定》等规定，由国家新闻出版署发起的，对全国范围内图书出版单位的年度核验，每两年进行一次。这是国家行政管理部门定期对出版单位进行的考核和审核。这种核验旨在

---

① 黄先蓉，陈文锦. 新时代新阶段再谈严把出版物质量关的重要性［J］. 科技与出版，2023（5）：72-78.

评估出版单位在一定时间段内开展图书出版业务的条件和能力，主要涉及：出版质量，着重检查出版物的内容、编辑、排版、印刷等方面，以确保出版物的内容真实、合法，符合道德和社会价值观；合规性，检查出版单位是否遵守了相关的法律法规和政策，包括版号申请、文化产品审查等方面的要求。财务状况，考察出版单位的财务报表，确保其财务活动合规、透明，经济运营稳健；社会效益，评估出版单位在文化传承、知识普及、社会教育等方面的贡献，包括出版物对社会的影响和贡献；运营管理，了解出版单位的组织架构、管理体系，确保其拥有健全的内部管理和监督机制。

核验的结果可能会影响出版单位的经营许可续展、奖励惩罚、政府资金支持等方面。通过这种定期的核验，政府可以更好地监督和引导出版行业的发展，促使出版单位不断提升出版质量，保障社会的合法权益。

出版单位年度核验的过程中，特别强调了出版质量的重要性。《网络文学出版服务单位社会效益评估试行办法》《图书出版单位社会效益评价考核试行办法》等相关文件为评估出版单位社会效益提供了详细的流程和标准，其中对出版质量的评估被置于中心位置。通过对出版物质量的检查与出版单位的年度核验，出版主管部门有效地推动了出版物质量的提升，也为我国出版物质量管理体系的持续优化和改进提供了动力支撑。

3.1.2　行业组织管理

行业组织是指在某一特定行业内，由同行业、同领域的企业、单位或个人组成的非营利组织。它们往往是为了促进行业的健康、有序、持续发展，维护行业内成员的共同利益，以及提供一个行业间交流、合作、互助的平台而建立的。

1979 年 12 月在长沙成立的中国出版工作者协会(2011 年 4 月更名为"中国出版协会")是新中国成立以来我国第一个出版行业组织。此后，我国陆续建立了中国印刷技术协会(1980 年 3 月成立)、中国大学出版社协会(1987 年 6 月成立)、中国报业协会(1988 年 3 月成立)、中国版权研究会(1990 年 3 月成立，2002 年 4 月更名为"中国版权协会")、中国书刊发行业协会(1991 年 3 月成立)、中国期刊协会(1992 年 4 月成立)、中国编辑学会(1992 年 10 月成立)、中国音像协会(1994 年 4 月成立，2013 年 3 月更名为"中国音像与数字出版协会")等一批全国性的出版行业组织。

我国出版行业组织在管理模式上大多采用会员代表大会、理事会、常务理事会的三级管理结构,同时下设办公室、财务部、会员权益部、会展工作部、对外联络部、人力资源和社会保障部等负责具体工作的部门。这种管理模式"垂直"与"平行"相结合,层次清晰、分工具体、权责分明。但运作时并不能彻底摆脱行政化思维,无法完全适应出版业市场化的需要。在业务运作方面,我国的出版行业组织主要开展会员服务、教育培训、展会等。

我国出版行业组织在国内出版领域中扮演了关键角色,其在质量管理方面的主要职能如下:

(1)政策执行与规范建立

出版行业组织不仅是政府相关政策和法规在行业内的主要传达者,确保这些政策得到适当的实施,而且还是行业内部的协调者和引导者。在政策的执行过程中,出版行业组织通常会组织各种培训和研讨会,帮助行业成员更好地理解和执行政府的相关政策和法规,确保政策的正确传达和有效实施。除了政策的执行,出版行业组织还承担着规范建立的重要职责。它会根据行业的实际情况和发展需求,起草和修订行业准则和规范,为出版企业提供明确的操作指引。这些规范不仅有助于维护行业的公平竞争,还可以确保出版物的质量和内容达到一定的标准,从而保障读者的权益。更重要的是,出版行业组织通过鼓励行业成员共同遵循这些规范,促进整个出版领域的有序、健康和可持续发展。

(2)行业调解与社会监督

出版行业组织在维护行业和谐、促进行业发展中起到了不可或缺的作用。作为行业的代表和监督者,它不仅协助各成员单位和机构之间建立和维护良好的合作关系,还努力确保整个行业的共同增长,使每一个成员单位都能在这个大家庭中受益。

为了确保社会效益与经济效益之间达到平衡,出版行业协会经常组织各种研讨会、培训班和交流活动,鼓励成员单位分享经验、交流思想,共同探讨行业发展的方向和策略。这样不仅可以提高行业的整体水平,还能够促进行业内部的交流与合作,形成一个互助、互利的生态系统。

当然,出版行业组织还承担着调解和维权的重要职责。当成员单位之间或与外部单位出现纠纷时,协会会积极介入,通过调解的方式解决问题,避免纠纷升级。同时，协会还会为成员单位提供法律咨询和维权服务，确保每一个成员单位的合法权益得到保障。

出版行业协会是出版行政部门的有力补充。中国出版工作者协会、中国编辑学会、中国书刊发行业协会、中国印刷技术协会以及其他专业协会和各地相应的团体，都应根据各自的特点建立和完善行规行约，从保护会员合法权益和履行应尽义务的角度，在图书质量保障方面，做好自我约束和调研、咨询、协调、监督工作，形成网络。①

(3)专业培训与技能加强

专业培训与技能加强在出版行业中占有至关重要的地位。随着科技的进步和社会的发展，出版领域的要求和标准也在不断提高。出版行业组织不仅要普及与出版相关的专业知识，还要确保行业人员获得适当的培训。

为了实现这一目标，出版行业组织经常会定期组织各种培训班。例如，"全国编审员业务培训"专门针对编审员，旨在加强他们的业务知识和技能，使他们更好地适应行业的变化和需求。这样的培训不仅涵盖了基础的编辑和审稿技能，还会介绍最新的出版技术和趋势，帮助编审员更好地完成他们的工作。

再比如，行业组织举办的"民营出版业务与编辑技能培训"则更加注重民营出版企业的特点和需求。由于民营出版企业在运营模式、资源配置和市场策略上与国有出版企业有所不同，这样的培训会为他们提供更加贴合实际的知识和技能。

除了这些定期的培训，出版行业组织还会根据行业的发展和变化，不时地推出新的培训项目。这些培训项目涵盖了从基础知识到高级技能的各个方面，确保行业人员能够及时更新自己的知识和技能，提高工作效率和质量。

(4)国际交往与信息提供

随着全球化的深入发展，出版行业的国际交往已经成为推动行业进步的重要手段。出版行业组织不仅要跟踪国外出版的最新动态，还需要深入研究国外的出版模式、技术进步和市场趋势。这样，可以为国内出版企业提供有价值的参考和启示，帮助它们更好地适应国际市场的变化。

---

① 《图书质量保障体系》新闻出版署(国家版权局)于1997年6月26日发布，第四十五条。

此外，出版行业组织还扮演着桥梁和纽带的角色，推动国内出版业与国外同行的交流与合作。这不仅可以促进技术和经验的共享，还可以拓展国内出版企业的国际市场，助力它们在全球范围内建立品牌和影响力。

为了实现中国出版业的"走出去"战略，出版行业组织还需要定期组织国际出版交流活动，如参加国际书展、举办国际出版论坛等，以展示中国出版业的最新成果和发展趋势，吸引国外出版企业与我国进行更深入的合作。

总之，出版行业组织不仅了发挥行业组织的管理与自律作用，而且发挥出版行业组织在生产实践中的指导与促进作用，有助于出版行业的健康、有序和持续发展。

3.1.3　出版企业质量管理

1. 质量方针

1983 年，《中共中央、国务院关于加强出版工作的决定》指出："出版部门要坚持质量第一，尽最大努力，把最好的精神文化食粮供给人民。各类图书都要力求做到选题对路，内容充实，都要力求有尽可能高的思想性、科学性或艺术性，反对粗制滥造。"

1997 年 6 月，新闻出版署颁布《图书质量保障体系》，强调"坚持精神文明重在建设，繁荣出版重在质量的思想，把能否提高图书质量当作衡量出版工作是否健康发展、检验出版改革成功与否的重要标志"。

2004 年 12 月，新闻出版总署颁布《图书质量管理规定》，强调要"实现图书出版从扩大规模数量为主向提高质量效益为主的转变，提高图书出版整体水平"。

2019 年 6 月印发的《中国共产党宣传工作条例》明确要求，出版工作应当坚持正确的出版导向，坚持内容质量第一，促进出版业健康繁荣发展。

坚持质量第一，这是由我国出版工作的社会主义性质决定的，是由为人民服务、为社会主义服务的方向决定的，也是我国出版工作将社会效益放在首位、实现社会效益与经济效益相统一的必然要求。只有高质量的出版物，才能既获得良好的社会效益，又获得良好的经济效益。所以必须树立精品意识，提高原创能力，在内容、编校、设计、印制等各个环节全面提升质量，着力打造思想精深、艺术精湛、制作精良相统一的精品力作，推动出版业加快向高质量高水平发展阶段迈进。

2. 组织架构

每一个具有一定规模的现代企业都具备结构化的组织形态，出版企业也是如此。现代企业的组织结构可以与一座精心设计的建筑相提并论。企业的组织框架图正如建筑的设计图纸，它是这座"大楼"的基石，为企业的日常运营和发展提供坚实的支撑。

任何一种类型的出版企业，无论是大众出版、专业出版还是教育出版，也无论是单个出版社还是出版集团，其内部工作人员都要根据其履行的职能不同划分成不同的部门，这些部门构成出版企业的内部组织结构。部门与部门之间相互关联，在履行本岗位职责的同时与其他部门产生业务联系，构成企业工作流程。而协调各部门之间关系的人员，构成企业管理层，管理层采用何种管理手段监督、协调、考核各部门，构成企业管理模式。①

出版社的内部组织布局并没有固定的模板。决定其结构的因素有很多，如文化背景、市场环境、业务规模、市场化水平、企业的成长阶段以及员工的能力和素质等。随着内部和外部环境的变化，出版社需要灵活调整其组织架构。这种调整旨在实现更流畅的运作和更高的效益。

出版企业的运营模式分为集团化和独立出版社（公司）两种，其规模也有大、中、小不等。过去的出版经验表明，存在集权、放权和分权三种管理方式。通常，出版集团更适合使用放权的组织结构，并细分为小的经济核算单位。而独立出版社则更倾向于采用集权、分权或两者结合的组织模式。

不论采取何种组织形态，出版企业在质量管理上常见的方法是建立质量管理核心团队，由社长领衔，总编辑作为执行副组长。团队下属一个质量管理办公部门，专门针对整体出版物的质量进行指导和监督。通常情况下，质量管理办公室的工作也会由总编室、质检室、编审中心等部门代为行使责权。此外，出版企业会确切界定各岗位如编辑、初审、终审、责任校对、美术设计、排版、责任印制等人员的职责范围，确保各岗位明确分工并责任到人。

---

① 耿相新．论出版社组织结构［J］．中国出版，2006.

3. 质量管理制度

多年来，出版企业按照《出版管理条例》《图书质量管理规定》和《图书质量保障体系》等法规的要求，并结合各自实际情况，建立和完善了企业组织内部业务管理方面的各项规章制度，形成了较为完整的质量管理制度。

(1) 在选题质量方面，某些出版企业推出了如《选题三级二次论证制度》和《编辑出版选题竞标规程》等针对选题质量的管理措施，确保图书的品种、规模、质量和效益之间达到平衡，同时严格遵守政治和政策标准。为了坚持正确的出版导向，并响应国家对重大选题的备案要求，部分出版社的信息管理系统中增添了重大选题备案程序。同时，某些出版单位的总编室也专门制定了《关键选题备案审批表》，旨在规范化重大选题图书的审核流程，加大对该类图书稿件质量和出版过程的监控力度。

(2) 在编校质量方面，出版企业都执行"三审三校"制度，为稿件的评审和校对制定了明确的标准。一些出版单位推出了如《初审标准》《复审标准》《终审标准》和《编辑加工规范》等指导文件，对初审、复审、终审和编辑加工环节中的人员资格、工作职责和审稿标准都作了详细规定，进而加强了三审制的执行。此外，出版单位还采取责任编辑制，将质量管理的奖惩体系与责任编辑紧密结合。责任编辑不仅要参与初审，还需对编辑、复审、终审等环节中出现的问题进行处理，并确保逐一解决。每个审稿环节都要有审稿记录，且必须经过相关编辑的签名确认，确保每一步的质量控制都有明确的责任人。

同时，每本书的校对都有指定的责任校对进行全程把控。一般情况下，清样要经过至少三次校对，而特殊稿件还会增加校对次数。在完成三审三校后，责任编辑还需要对整本校样进行通读，确保最后的稿件没有遗漏，并达到出版的质量要求。

(3) 在质量检查方面，出版企业通常执行多重检查制度，包括印前质检、专项检查、样书审查及年度质量抽检。印前质检作为图书出版的最终质控步骤，对图书的整体品质起到决定性作用。为确保出版品质，很多出版企业在送印之前都设立印前质检环节，对可能存在的瑕疵进行纠正，防止次品流入市场，这样有助于塑造正面的企业形象。为此，某些企业还设立专属的质量管理部门，例如质检室，专门对书稿进行印前质检。同时，质检室还担负着实施质量预警、反馈、交流及培训等多种工作任务，来不断提升编辑团队的质量认知和专业水平。

专项检查则是结合总局规定的特定类型进行，如少儿出版物、教辅图书以及低俗和跟风炒作的出版物。检查结果会被及时反馈至各个编辑部门，并根据发现的问题采取必要的措施，强化对相关图书的内容审核。

样书审查则采取了分级审核机制，包括责任印制、责任编辑、编辑部门领导和总编部的多级审查。若样书不达标，将对相关责任人进行处罚，并将不合格图书品种纳入年度质量检查的不合格名单。

年度质量抽检则是针对过去一年的出版物进行。根据之前质量检查中发现的问题，抽检会重点关注那些可能存在问题的图书或编辑，确保整体出版质量始终维持在高标准。

（4）为应对融合发展业态下的新挑战和新问题，出版企业在原有传统质量管理体系的基础之上，针对其新媒体部门，如多媒体推广平台、微信公众号和数字出版部门，推出了更新的质量管理细则。这些细则涵盖了出版物的质量准则、确保质量的具体手段、质量审查的方法以及奖惩措施等内容，旨在明确规范出版企业在融合发展态势下的质量管理和标准。

（5）质量问题反馈制度。首先，质量管理部门每月都会汇总并整理三审和印前检查阶段出现的各种问题，然后通知相关负责人。其次，基于每月的反馈，质量管理部门每季度和每半年都会进行质量问题评估。最后，每年年底质量管理部门会对全年的质量问题进行整体和深度的审查，进而编撰"年度质量问题报告"，并在内部的质量评议会上与所有编辑分享。

3.2　融合发展时代出版企业质量管理变革

融合发展是一种状态，是传统出版和新兴出版的融合，是传统出版和数字出版的融合，是传统出版和数字出版在内容、技术、平台、渠道、经营、管理、资本等层面的交融、互融、通融、共融的状态。①

---

① 张新新．基于出版业数字化战略视角的"十四五"数字出版发展刍议［J］．科技与出版，2021（1）：65-76.

融合出版产品在内容加工、传播方式、产品形态、用户体验等方面与纸书出版，甚至与早期的数字化出版相比，发生了巨大变化。新变化对融合类出版产品的质量控制提出了新挑战。同时，用户也对出版产品质量问题更加关注。2021年，国家启动了"出版融合发展工程"，在关于出版融合的本质探讨中，李文认为"技术赋能"与"去内卷化"是出版融合发展的前提，而出版内容资源、出版业务流程与出版产业的融合共同构成出版融合的本质。①

"四全媒体"概念的提出，标志着文化产业将在突破"时空尺度、物理尺度、主体尺度、功能尺度"②的更广阔市场空间下进行运作，意味着出版业所依托的媒介形态成为连接社会与技术的泛在物，也意味着传统出版业所划定的市场壁垒进一步消解和失守。固守原有的市场活动范围只会导致无意义内耗和与受众的需求脱轨。在全媒体环境下，出版业不仅要在企业内部重新整合内容、人才、设施等资源要素，还要与外部的新市场主体、新技术进行深度融合，拓展自身的行动边界。出版企业的质量管理面临着产品、内容、营销方式等多个方面的变革。

3.2.1 产品形态

传统出版主要依赖于著作权交易，遵循一个线性的生产和传播流程。而在移动互联网环境下兴起的新型出版方式，为出版内容的展现开辟了更多创新途径。这种新型出版模式的核心特点是，它允许出版物在任何时间、任何地点进行信息的"分享"。新技术为内容创造了丰富多彩的展现形式和产品形态，极大地丰富了受众的阅读体验并提高了阅读效率。这不仅构建了多样化的阅读环境，还推动了阅读朝着更加服务化、智能化、多维度和与日常生活融合的方向发展。出版业现在有机会结合各种展现形式和设备，突破传统出版的界限，使出版内容与用户的生活场景更和谐地结合。

产品形态多样化主要体现在：第一，多元化的产品或运作模式。近年来，我国出版企业在融合发展方面的探索，已经初步形成了比较清晰的产品模式或运作

---

① 李文. 论出版融合发展的前提、本质与路径[J]. 出版科学, 2021, 29(3): 58-63.

② 本报评论部. 让主流媒体成为"全媒体"[N]. 人民日报, 2019-01-30(5).

模式。具体来说，主要有电子书、数据库、平台、在线知识付费、全方位的知识体系五种。每种产品或运作模式都有其特定的质量标准，国家陆续出台了《内容资源数据化加工》《数据加工规格》和《数字出版产品内容标引规范》等标准，为出版产品的数字化加工规范系统奠定了基础。在产业拓展方面，发布《新闻出版知识服务系列标准》，推进《中国出版物在线信息交换》行业标准（CNONIX）和ISLI/MPR标准在行业内的应用，为产业链延伸奠定基础。第二，跨平台的适应性。融合出版的新业态下，出版者需要通过整合多种媒体形态，对同一内容进行多媒介、多平台、多终端发布，以实现优质内容资源的最大化利用，实现用户使用的"全程"在线。出版企业通过设置新兴部门、加强跨界合作等方式打造"编辑—全媒体发行"的一体化流程，应成为出版主体融合发展的方向之一。第三，内容的模块化和个性化。用户可以根据自己的喜好选择内容模块，这也对质量管理提出了新的要求。在出版融合发展背景下，出版企业必须适应新的产品形式，借助大数据等技术收集目标市场、用户需求、用户行为等信息，以内容管理为核心，以知识节点为关联，有计划地将采集到的信息进行碎片化、结构化、聚合分析处理，并根据数据分析结果及时调整出版策略，充分把握市场风向和用户需求。

3.2.2　内容生产方式

进入21世纪以来，大数据、云计算、人工智能、虚拟现实等新兴媒体技术在传播知识和信息方面展现了越来越强大的渗透力，传统出版正在面临巨大的冲击，其产品吸引力正在逐步减弱。为了改变被动局面，传统出版企业必须主动融合新兴技术，在内容生产上取得显著进展。

在"全息媒体""元宇宙"等概念风靡的市场环境下，除使用传统的文本、图片、音视频等内容呈现方式外，利用新兴技术提升出版物的沉浸感与体验感是出版主体提升产品质量的重要方向。当前出版业在AR、VR出版物的打造上已进行初步尝试，儿童读物和专业性较强的书籍成为率先应用AR、VR技术的两个类别，而5G的商用部署加速为XR的全面发展提供了技术前提。

内容生产方式的多样化主要体现在：第一，用户参与和协同创作。现在的出版内容不再仅仅依赖专业编辑，而是鼓励用户参与，如社交媒体评论、用户生成内容等，这增加了内容的多样性，但也给质量管理带来了挑战。第二，数据驱动的内容决策。通过分析用户数据，出版企业可以更精准地判断哪种内容更受欢迎，从而优化内容生产。第三，技术和内容的融合。例如，AI 写作、虚拟角色等新技术在内容生产中的应用，要求出版企业在技术和内容上都要有出色的质量管理。

出版者在质量管理上要始终坚持贴近需求、质量第一，将传统出版的专业内容资源优势延伸到新兴出版，更好地发挥舆论引导、思想传播和文化传承作用。在内容生产上探索和推进出版业务流程数字化改造，建立选题策划、协同编辑、结构化加工、全媒体资源管理等一体化内容生产平台。强化用户理念和体验至上的服务意识，既做到按需提供服务、精准推送产品，又做到在互动中服务、在服务中引导，不断增强用户的参与度、关注度和满意度。①

3.2.3　营销环境

由媒介形态的变化带来的产品形态多样化和内容生产方式多样化，推动了营销渠道的多样化变革。信息内容的分发依托互联网不断突破时空边界，在全球范围内向整体覆盖和渠道垂直细分两个方向深入发展。

在这样的内容分发背景下，出版业早已由卖方市场转向买方市场，甚至是信息爆炸的买方注意力稀缺市场。为使优质内容在市场中实现高质量传播，精准触达目标用户，出版主体需要在横向上尽量扩展市场，实现最大范围覆盖；在纵向上占领尽可能多的垂直细分渠道，并以用户为中心，整合可用的营销资源，融合多种营销方式，实现内容分发的最优效果。在新媒体技术的影响下，社交媒体、移动媒体、搜索引擎、大数据为出版营销变革提供了新思路。

营销环境的变化主要表现在以下三个方面：第一，网络直播技术重构了出版

---

① 关于推动传统出版和新兴出版融合发展的指导意见[J]. 中国出版，2015：3-5.

营销方式。移动互联聚集消费体，增加潜在客户；网络直播打通了多种平台，拓宽销售渠道。第二，自媒体平台激活了图书社群营销。在出版营销方面，公共的自媒体平台优势互补，互为资源链接，共同发挥出良好的营销效果。平台的社交关系为出版营销社群经济的产生奠定了基础。第三，跨界营销助力出版营销模式创新。近年来涌现出丰富多元的出版跨界营销方式，"出版+艺术""出版+餐饮""出版+银行""出版+地产""出版+影视"等跨界的领域大多是与我们日常生活相关的行业，合作的企业也都是我们耳熟能详的知名企业，出版社与之合作，可以实现资源整合，增强品牌号召力。

综上，融合发展带给出版企业带来了产品形态、内容生产、营销环境等多方面的变革，在新的业态下出版企业的质量管理面临着综合性、跨领域的挑战，但同时也带来了无限的机遇。

3.3　融合发展时代出版企业质量管理的主要问题

我国出版业正处在深度融合的关键时期，向社会提供更多更好的出版产品供给，满足人民对美好生活的向往，实现质量强国的目标，离不开行之有效的质量管理措施。融合发展时代出版产品在产品形态、内容加工、传播方式、营销渠道等方面与传统出版相比已发生了巨大变化。新变化对出版企业的质量管理提出了新的要求。目前，我国出版企业质量管理存在的主要问题有如下几点。

第一，在质量管理理念上，虽然出版企业一直高度注重产品质量，但在实际管理过程中仍受限于传统出版的旧观念和方式。许多企业尚未采纳基于全面质量管理和卓越绩效的先进质量管理思维或体系。对于国内的各种质量奖项，多数出版企业仍然感到陌生，而真正参与评奖的企业寥寥无几。其核心原因在于，出版企业对融合出版产品质量管理的积极性不足。从出版企业的角度看，由于融合出版产品类型繁多，涉及的人员众多，难以为每位员工定下明确的工作量，因而质量激励措施的效果不明显。所以，一般员工往往仅仅完成自己的职责范围内的工作，而不愿意深入参与产品的全流程质量管理。

第二，在质量管理机制上，出版企业内部协作程度不高。在5G、人工智能、大数据、AR、VR等新技术与各行业深度融合的背景下，出版业的编、印、发环节基本上沿用过去的运作方式，技术转型与革新力度不够。① 许多出版企业没有形成跨部门的质量协同管理机构或建立有效的质量协同机制，而是沿袭各部门各自为政的模式。典型的做法是，传统出版部门主要负责内容资源的质量，而数字出版部门则更注重技术质量。这种明确的部门分工可能导致不同的质量管理策略、方法和评估标准，使得全面的质量管理难以实现。当出现质量问题时，责任界定往往不明确，进而影响质量改进和最终产品的质量。这种情况的出现，一方面是因为行业内缺乏广为人知的成功案例，使得出版单位难以找到可持续的业务模式；另一方面，其他行业，如制造业、服务业和教育业等的质量管理方法并不适合直接应用于出版业，简单模仿可能会适得其反。

第三，在质量管理的具体措施上欠缺。随着出版融合的不断深入，企业面临众多新的质量挑战，对此需要有针对性的解决方案。例如，首先，关于多平台内容的同步更新问题，出版企业必须确保在不同的平台，如纸质书、电子书、音频书等，都能实现内容的同步更新。但由于各平台的特定要求，维持内容的统一性和同步性成了一个复杂的任务。随之，版权问题也变得更加棘手，因为融合发展所带来的多媒体内容和多平台分发涉及多方版权持有者，使得确保所有内容都经过适当授权的任务日益艰巨。再者，随着市场对即时出版的需求加大，出版企业面临的是如何在加快出版节奏的同时，确保质量不打折扣，避免质量控制环节受到影响。最后，在一个强调数字化和个性化的时代，消费者对高质量、个性化内容的期待也在增长。为了满足这种多样性的需求，出版企业不仅要提高内容质量，还要关注用户的服务体验，以防这成为出版产品质量管理中的薄弱环节。

第四，质量管理标准的不确定性。首先，多样化的产品形态导致了质量管理的复杂性。在融合发展的趋势下，出版物不仅仅是文字，它们可能整合了图片、视频和互动元素。每种媒介都可能需要特定的质量标准和评估策略。其次，现有的标准在确保出版产品质量上的作用仍然有限。尽管数字出版领域近年来已有多

---

① 宋吉述，朱璐. 深度融合与业态创新——关于"十四五"期间出版融合发展的思考［J］. 科技与出版，2021，313（1）：53-64.

个标准陆续推出，但融合出版的标准化需求远未被满足。很多出版社不得不制定自己的标准，或转而借鉴软件测试和互联网行业的规范，这无疑造成了不同出版机构间的质量标准不一致。再次，一些标准的实施不仅增加了企业的成本，而且由于其实际效果难以评估，很难在实际生产中作为可靠的参考。最后，由于融合发展可能涉及出版行业与其他行业的联合，如技术和影视制作公司的合作，这种跨界合作可能带来质量标准和期望不匹配的问题。

第四章

出版企业质量管理体系的建立

按照国际标准或国家标准建立质量管理体系，已成为各类组织实施质量管理的普遍方式。质量管理体系是根据组织发展的战略目标，建立质量方针和质量目标，以及实现这些目标的过程相互关联或相互作用的一组要素。ISO9000 标准涉及的是组织使用的管理体系，以确保产品在设计、生产、配送和产品支持过程中的质量。

出版组织若想经营成功，在市场上具有竞争力，可以通过建立质量管理体系，促进组织明确质量方针和质量目标系统连贯地管理这些相互关联或相互作用的活动，并且为这些活动提供所需资源，使最高管理者考虑其决策的长、短期影响，从而优化资源配置，以实现组织的发展目标。

4.1 ISO9000 质量管理体系对出版企业的管理效用

ISO9000 质量管理体系是提高企业质量管理水平的国际标准，ISO9000 质量管理体系自 1988 年由国际标准化组织（ISO）首次颁布后，很快在全球得到了广泛的应用，形成了全球 ISO9000 现象。尤其很多的大型跨国企业集团纷纷将取得 ISO9000 质量管理体系认证作为其选择供方的一项重要因素或必要条件，充分表明了 ISO9000 质量管理体系标准及其认证在组织确保产品质量和需方对供方的质量保证能力建立信任方面具有重要的作用，极大地推动了 ISO9000 国际标准的实施和质量管理体系认证的发展。

自 20 世纪 90 年代初开始，ISO9000 族标准便以其旺盛的市场生命力迅速在我国企业中生根发芽，为我国企业质量管理工作带来了崭新的面貌。随着我国改革开放的不断深入，除企业外，政府部门、科研机构、学校、医院等各类组织都意识到质量认证是提高管理水平、增强服务意识的有效途径。当出版业管理达到一定水平，必然需要一个完整的管理体系，而 ISO9000 族标准质量管理体系，可以说是一个大的框架，是一种管理思想的融合。它可以帮助出版业树立系统的概念和方式，织成具有可行性的"管理网"，使管理水平比较低的出版业在管理水平上得到提升。

ISO9000 标准是一个系统性的标准，涉及的范围、内容广泛，可以针对不同的组织，实施质量管理。ISO9000 族质量管理标准体系将所有行业分为 39 大类，其中第 8 大类就是出版业，包括书籍、报纸、杂志、录音制品和其他形式的出版物。在组织系统内部，明确各部门的职责权限，强调计划和协调，使企业能行之有效地、有秩序地开展各项活动，保证生产经营活动的顺利进行出版企业通过质量体系认证，可以证实企业有能力稳定地提供满足顾客和适用的法律法规要求的产品，并能增进顾客的满意度。认证的动力可来自外部市场的需要，也可出自组织内部管理的需要。

4.1.1　出版社实施质量体系认证的意义

质量体系认证是市场经济条件下加强质量管理、提高市场效率的基础性制度，其本质属性是"传递信任，服务发展"，具有市场化、国际化的突出特点。2018 年 1 月，国务院印发《关于加强质量认证体系建设 促进全面质量管理的意见》，明确将质量认证作为"推进供给侧结构性改革和'放管服'改革的重要抓手"，就质量认证体系建设作出全面部署。

谈到质量体系认证，离不开国家质量基础设施和合格评定两个概念。质量管理体系是国家基础质量设施的一部分，而质量体系认证属于合格评定的一种类型。

国家质量基础设施(National Quality Infrastructure，NQI)的理念最早由联合国贸易发展组织(UNCTAD)和世界贸易组织(WTO)在 2005 年共同提出。2006 年，联合国工业发展组织(UNIDO)和国际标准化组织(ISO)正式提出国家质量基础设施的概念，将计量、标准化、合格评定(认证认可、检验检测为主要内容)并称为国家质量基础的三大支柱。至今，国家质量基础设施的概念已为国际社会广泛接受。2017 年，经过国际上负责质量管理、工业发展、贸易发展、监管合作的10 个相关国际组织共同研究，在 2018 年联合国工发组织(UNIDO)发布的《质量政策——技术指南》一书中提出了新的质量基础设施定义。新定义指出，质量基础设施是由支持与提升产品、服务和过程的质量、安全和环保性所需的组织(公、私)与政策、相关法律法规框架和实践构成的体系。质量基础设施体系依赖于计量、标准、认可(从合格评定中单列出来)、合格评定和市场监督。

根据国际标准 ISO/IEC17000《符合性评估 词汇和总则》中的定义，合格评定(conformity assessment)是指"与产品、过程、体系、人员或机构有关的规定要求得到满足的证实"。合格评定主要包括检测、检验、认证、认可四种类型。其中,认证(Certification)是"与产品、过程、体系或人员有关的第三方证明";通俗地说,就是指由具备第三方性质的认证机构证明产品、服务、管理体系、人员符合相关标准和技术规范的合格评定活动。

认证认可,顾名思义是对产品、服务及其企业组织进行符合性评价并向社会出具公示性证明,满足市场主体对各类质量特性的需求。在政府部门减少准入限制之"证"的情况下,市场主体间增进互信便利之"证"的功能越发不可或缺。

出版企业推行质量管理体系认证,主要带来以下三大核心价值:

第一,质量管理的"体检证"。通过认证,出版企业可以对其质量管理体系进行全面检查和评估。这不仅是一个对企业内部流程的审查,更是一个深入的自我反思和完善的过程。在这一过程中,企业可以确保从内容策划、编辑、印刷到发行的每一个环节都达到了预设的标准。更重要的是,这样的认证检查可以帮助企业及时发现其管理和操作中可能存在的问题或不足。这不仅有助于提高出版物的质量,还能确保企业的长期稳定发展。通过这种"体检",企业可以得到一个更为客观、全面的自我评价,为未来的改进和创新提供有力的参考和指导。

第二,市场经济的"信用证"。在市场经济中,质量管理体系认证首先是企业对外展示其产品和服务质量承诺的明确标志。这不仅代表了企业对自身质量的自信,更是对消费者和合作伙伴的一种承诺和保障。其次,这样的认证也极大地增强了企业的信誉度。在众多的市场参与者中,拥有质量管理体系认证的企业往往更容易获得消费者的信任和青睐。这是因为认证为企业的产品和服务提供了一个公认的、权威的品质保证。最后,这种认证也提高了企业的市场竞争力。在同行业的竞争中,拥有质量管理体系认证的企业更容易脱颖而出,吸引更多的客户和合作伙伴。这不仅有助于企业扩大市场份额,还能为其带来更为稳定的业务合作关系。

第三,国际贸易的"通行证"。在全球化的今天,国际贸易交流日益频繁,而质量管理体系认证已经成为一种全球通用的语言和标准。对于出版企业来说,这不仅是一个质量保证,更是其在国际市场中的一张名片。拥有此认证的出版企业在进入海外市场时,会更加得心应手。首先,这证明了企业的产品和服务已经达到了国际公认的质量标准,这无疑会增加其在国际市场中的竞争力。当地的合作伙伴和消费者在选择合作或购买时,会更倾向于选择那些已经获得国际质量管理体系认证的企业。其次，这种认证还有助于简化出版企业与海外合作伙伴之间的交流和合作过程。因为它为双方提供了一个共同的、公认的参考标准，使得在质量管理、产品标准和服务承诺等方面的沟通变得更顺畅。最后，随着全球市场对质量要求的不断提高，质量管理体系认证已经成为许多国家和地区进口商品的基本要求。因此，对于那些希望拓展国际市场的出版企业来说，获得这一认证不仅是一个优势，更是一个必要条件。

4.1.2 出版企业实施质量管理体系认证的作用

出版企业实施质量管理体系认证，其积极作用和深远影响体现在以下四个主要方面。

1. 改善市场供给

质量管理体系认证不仅是对出版企业内部管理和操作流程的一个标准化要求，更是对其产品和服务质量的一个明确承诺。当出版企业获得这一认证，它意味着企业的产品和服务已经达到了一定的预设标准，能够满足消费者和其他相关方的期望。

对于消费者来说，这种认证提供了一个明确的、可靠的参考标准，使他们在选择出版产品时更加放心。他们知道，获得质量管理体系认证的出版企业提供的产品和服务都经过了严格的质量控制，能够满足他们的需求。

而对于出版行业整体来说，这种质量保证将促使更多的企业追求高质量、多样化和创新的产品。这不仅有助于满足消费者的多样化需求，还能推动整个行业的技术进步和创新。随着更多的企业参与认证，整个出版市场的供给将得到持续的改善和提升。

此外，这种对质量的追求和保证还将吸引更多的投资和合作伙伴，为出版行业带来更多的资源和机会。长期来看，这将有助于推动整个出版行业的健康、稳定和可持续发展。

2. 服务市场监管

质量管理体系认证为出版企业提供了一个明确、可靠的操作和管理标准，确保其产品和服务的质量始终保持在一个高水平。对于市场监管机构来说，这种认证提供了一个权威的参考依据。有了质量管理体系认证，监管部门可以更加明确地知道哪些企业已经达到了预设的质量标准，哪些企业还需要进一步改进。这不仅简化了监管部门的工作流程，还提高了其监管的准确性和效率。当监管部门发现某个企业没有达到认证标准时，他们可以及时介入，要求企业进行整改，确保市场上的出版产品和服务始终保持高质量。此外，这种认证还为消费者提供了一个明确的参考标准，帮助他们在选择出版产品和服务时做出更加明智的决策。这无疑增强了消费者的信心，也为出版企业带来了更多的业务机会。

3. 优化市场环境

质量管理体系认证为单一企业提供了一个明确的操作和管理标准，帮助企业提高其产品和服务的质量，从而增强其在市场中的竞争力。当一个出版企业的产品和服务质量得到提升，它不仅能够吸引更多的消费者，还能够获得更多的合作机会，进一步扩大其市场份额。

当越来越多的出版企业参与这一认证，整个行业的质量管理水平都将得到提升。在这样一个环境中，企业之间的竞争将更加公平和有序，消费者可以更加放心地选择产品和服务，合作伙伴也更愿意与这些企业建立长期的合作关系。

这种对质量的追求和保证还将吸引更多的投资和资源进入出版行业。投资者和合作伙伴都更愿意选择那些已经获得质量管理体系认证的企业，因为这代表了这些企业的产品和服务具有更高的质量和可靠性。

随着整个出版行业的质量管理水平不断提高，市场上的恶性竞争和低质量的产品和服务将逐渐被淘汰，整个市场生态将变得更加稳健、有序和健康。这不仅有助于保护消费者的权益，还为出版企业提供了一个更加公平、有序和稳定的市场环境，推动整个行业的持续、健康发展。

4. 促进市场开放

在全球化的背景下，质量管理体系认证已经成为国际市场通行的"通行证"。这种认证不仅代表了企业对其产品和服务质量的自信，更是对外界的一个明确承诺：该企业的产品和服务已经达到了国际公认的标准。

对于那些有意进军海外市场的出版企业来说，拥有这种认证无疑是一个巨大的优势。

首先，它为企业打开了国际市场的大门。许多国家和地区在进行贸易和合作时，会要求合作伙伴具有相关的质量管理体系认证，以确保引进的产品和服务的质量。因此，拥有这种认证的出版企业在与外部市场的交往中，会更加得心应手，更容易获得合作和投资机会。

其次，这种认证还有助于出版企业减少进入外部市场的障碍。在国际市场中，文化、法律和商业习惯等因素都可能成为企业进军海外市场的障碍。但是，当出版企业拥有了质量管理体系认证，这意味着其产品和服务的质量已经得到了国际的认可，这将大大减少其他国家和地区对其产品和服务的疑虑和担忧，从而加速市场准入的过程。

质量管理体系认证不仅为出版企业提供了一个明确、可靠的国际标准，还为其进军海外市场提供了有力的支持和保障，助力市场的更广泛开放和整个行业的国际化进程。

4.1.3 出版企业引入 ISO9000 族质量管理标准体系的可能性和实践

出版业的 ISO9000 族质量管理标准体系，是对从设计开发到生产、安装及服务等全过程提出的要求，适用于出版社的管理、经营活动，对稳定和提高产品及服务质量、改善内部管理、降低管理成本、增强市场竞争力具有重要作用。

出版社生产经营的终极目标，就是要通过不断满足读者的需求，实现企业社会效益和经济效益的最大化。ISO9000 族质量管理标准体系正是基于企业行为管理的理念，满足企业的需要。我们将 ISO9000 族质量管理标准体系引入出版流程，以制定出符合出版社特点的流程管理体系，以及保证企业持续改进、不断满足顾客需求的纲领。

截至 2003 年底，我国颁发的有效质量管理体系认证证书数量已达到 96715份，但只有电子工业出版社等 28 家出版企业推行了 ISO9000 质量管理体系，占获证组织总数的 0.03%。在 39 个专业分类中仅排在核燃料、废旧物资的回收两类之前，居第 37 位。作为第 9 大类的印刷业，在这方面走在了出版业的前面，到 2003 年底已有 922 家通过了质量管理体系认证。①（据 2003 年底中国认证机构国家认可委员会数据。）

部分出版单位已经开始实施并取得了成效。由 ISO9000 的成功实施所带来的企业效益是不可估量的，一方面，企业内部的管理完全走向规范化，企业的经济效益体现明显；另一方面，通过了 ISO9000 质量认证的企业，不仅内部的服务质量大大提高，也为企业赢得了社会和顾客的认可，提高了企业的品牌价值，并为企业走向国际大舞台奠定了雄厚的基础。从 2002 年起，现代出版社、电子工业出版社和上海外语音像出版社三家出版社陆续建立了质量管理体系，并且通过了相关认证。经过运行，三家出版社都表示，质量管理体系对出版物的编校质量和印装质量提高有比较明显的促进作用。

ISO9000 族标准质量管理体系作为一种国际标准化的管理模式，得到越来越多的关注。规避风险，提高管理效益，降低管理成本，面向顾客，全员参与，持续改进，提高顾客满意度，这是 ISO 的管理理念，也是降低管理成本可供选择的途径和方法。ISO9000 质量管理体系从结构上看，是以目标管理为龙头，全面提高目标实施的计划性、可操作性，用量化标准来验证；以过程控制为纽带，对策划、生产、发行、服务各环节实施有效控制，避免在生产经营过程中出现个人主观因素介入流程管理，造成管理的非标准化，导致产品或服务的不合格。从 ISO9000 质量管理体系运用于出版社生产经营的具体情况来看，它是以管理职责、资源管理、出版物的实现过程、测量分析与改进等几个方面构建整个管理体系，通过对体系运行各环节的控制，来提高出版社的经营管理效率，因而对出版社具有良好的适宜性。本书拟探讨 ISO9000 质量管理体系对出版社的管理职责、管理可追溯性以及在纠正预防等方面的效用。

4.2　ISO9000 族标准质量管理体系的原则

根据标准化制修订规则，为确保标准反映最新理论发展和最佳实践，ISO 标

---

① 吴向东 . 出版社建立 ISO9000 族质量管理体系的思考［J］. 科技与出版，2005(7)：29-30.

准每 5 年左右都要进行评审，经过多轮修订后。于 2015 年 12 月正式发布了新版标准，也就是目前使用的 2015 版 ISO9000 族标准体系。新修订后的 ISO9000 族标准的核心标准有 3 个，如表 4-1 所示。

表 4-1 **2015 年版 ISO9000 族核心标准**[①]

编号	名称	版次	发布时间	类别
ISO9000：2015	质量管理体系基础和术语	第 4 版	2015 年 9 月 15 日	管理体系相关标准
ISO9001：2015	质量管理体系要求	第 5 版	2015 年 9 月 15 日	管理体系要求标准
ISO9004：2009	组织持续成功管理一种质量管理方法	第 3 版	2009 年 11 月 1 日	管理体系指导标准

在 2015 版 ISO9000 标准中提出了 7 项质量管理原则，分别是以顾客为关注焦点、领导作用、全员参与、过程方法、持续改进、循证决策和关系管理[②]。这七项质量管理原则为组织提供了指导，帮助组织致力于持续改进、满足顾客和其他利益相关者的要求和期望。这 7 项质量管理原则的内容以及在出版质量管理中的实施要点如下。

4.2.1 以顾客为关注焦点

"以顾客为关注焦点"是质量管理中的核心原则之一。简单来说，这一原则强调组织应了解并满足顾客的需求和期望，以确保持续的成功和长期的可持续发展。

随着时代的发展，组织经历了由以产品为中心到以顾客为中心的变化过程。以顾客为中心，就必须做到关注顾客的需求，以满足顾客需要为出发点。因此，组织必须把识别、理解顾客的需求并予以满足作为首要工作。而影响顾客的需求

---

① 方圆标志认证集团有限公司．质量和质量管理——ISO9001：2015 质量管理体系标准理解与应用［M］．北京：中国质检出版社、中国标准出版社，2017：149.

② 方圆标志认证集团有限公司．质量和质量管理——ISO9001：2015 质量管理体系标准理解与应用［M］．北京：中国质检出版社、中国标准出版社，2017：168-171.

的因素是多样的，而且是不断变化的，组织要生存与发展，不仅要关注顾客现阶段的需求，而且必须始终关注顾客以了解顾客需求的发展态势，并争取做到超越顾客的期望引领市场。

组织的成功很大程度上取决于顾客的满意度。一个高度满足的顾客可能会回头再买、推荐产品或服务给他人，并成为组织的忠实粉丝。组织要深入了解顾客需求，不仅仅是了解顾客当前的需求，还要预测他们的未来需求，甚至发掘他们尚未意识到的需求。组织要与顾客建立和维持长期的关系，这涉及信任、忠诚度和长期的承诺。组织定期收集顾客的反馈，并进行分析，以便了解他们的满意度、需求和期望是如何变化的，从而不断改进产品或服务。仅仅满足顾客的期望可能不足以使组织在竞争激烈的市场中脱颖而出，组织应该努力超越这些期望，为顾客提供意想不到的价值。

ISO9000 族标准强调以顾客为关注的焦点。出版企业的顾客主要是读者，以顾客为关注的焦点也就是一切以读者为中心。ISO9000 族标准始终体现了这一原则，并规定了如何确定、评审和满足顾客的要求，以及与顾客沟通，检测顾客满意程度的信息。不断增强顾客满意的追求正是 ISO9000 族标准的灵魂，因为，赢得了顾客就赢得了市场。

出版企业贯彻"以顾客为关注焦点"这一基本原则时，必须认识到，建立和实施质量管理体系的最终目的不仅仅是保证产品和服务质量，而是满足顾客的需要，增强顾客的满意度。提升产品和服务质量只是增强顾客满意度的手段。

"顾客满意"是关注"焦点"的核心。要做到"顾客满意"，出版企业必须深入了解读者需求，调查和分析读者对于不同类型书籍和内容的喜好；了解读者对于传统出版以及其他新兴出版形式的偏好；考察特定领域或主题的市场趋势和需求。在出版产品推出后，出版企业要收集读者评论、评价和建议；定期进行市场调查，了解读者的满意度；使用社交媒体、在线平台等渠道，积极与读者互动。出版企业应致力于建立和维护长期关系，例如为忠实读者提供优惠、预览、独家内容等特权；开设会员制或订阅制服务，提供持续的内容更新；或者定期组织活动、讲座、签售会等，增进与读者的互动和联系。同时，为了使"顾客满意"，出版企业不能停止追求技术创新的脚步，要根据市场和技术的变化，适时地更新出版内容和形式，探索与其他行业(如教育、科技、娱乐)的跨界合作机会。

市场经济的发展使出版业的经营理念日趋成熟，图书产品的商品特征愈加明显。作为市场流通中的一类产品，就不容置疑地携带着一般商品在市场流通中的特质：质量、定位、营销方式和供需关系等。也就是说，图书作为物化的精神产品，不仅会直接影响其本身的存在价值和良好的社会功能，而且关乎出版者的生死存亡。为适应市场竞争的需要，出版社应强化"以顾客为关注的焦点"。

总而言之，出版企业应将读者置于决策的中心，从质量管理流程的每一个环节考虑如何满足或超越读者的期望，以确保可持续发展。

4.2.2 领导作用

"领导作用"原则是 ISO9000：2015 中质量管理的核心原则之一。它强调高层管理在确保质量管理体系的成功实施中的重要作用。简而言之，这一原则强调组织内的领导需要展现出对于质量管理体系的承诺，并确保这一体系在整个组织中得到有效的实施。

各级领导者在质量管理体系的中发挥着至关重要的作用。最高领导者代表着组织统一的宗旨和方向，而中层管理者负责各种质量活动和措施的推进，上下形成合力可以使组织将战略方针过程和资源协调一致，以实现目标。当出版组织的质量管理活动与产品实现有关的活动方向保持一致时，组织才能实现其质量管理的宗旨。

在出版企业中，领导作用在质量管理中的具体体现为以下几个方面：第一，确立组织的质量愿景、战略、目标和方针。出版企业的高级管理层应明确表达对于内容、形式、编校、印制等各环节的质量要求，为企业设定一个明确且富有远见的质量愿景，并制定相应的战略、目标和方针来达到这一愿景。第二，对质量管理的关键活动积极参与和支持。领导层不仅仅是设定方向，还应积极参与质量管理的关键活动，例如定期审查质量绩效、参与关键质量决策等。第三，确保合理分配资源。出版过程中可能会涉及技术、人力、时间和资金等资源的需求。领导层需要确保这些资源得到合理分配，以满足质量要求。第四，培养质量文化。领导层应鼓励员工持续学习和改进，为他们提供必要的培训和工具，并确保他们了解和认同企业的质量目标。第五，建立部门之间的质量协作机制。在出版企业中，从内容创作、编辑、校对到出版和发行，每一个环节都与质量息息相关。领导层应确保所有部门在质量管理上都有所贡献，并鼓励跨部门之间的沟通与合作。第六，建立激励机制和反馈机制。为了鼓励员工关注质量，领导层可以设置奖励机制，如对于质量绩效表现出色的部门或个人给予奖励。同时，鼓励员工、作者、读者等利益相关者提供关于出版物质量的反馈，并确保这些建议和意见得到及时处理。

总之，领导作用原则在出版企业的质量管理中的运用，意味着领导层需要积极参与并引导质量管理的各个环节，确保质量目标得到实现，同时也要创造一个鼓励所有员工参与并不断追求卓越的工作环境。

4.2.3　全员参与

全员参与原则是质量管理中的核心理念，它强调质量不仅仅是某个部门或团队的责任，而是每个员工的共同职责。这一原则的内涵是，当每个人都参与到质量管理中来，组织就能更好地发现问题、创新和提高，从而实现卓越的绩效。

这一条原则和上一条紧密相关。在质量管理活动中，领导确定了质量战略（质量目标和方针）后，需要各部门各层次的员工相互协作才能实现。质量不是靠检验出来的，而是设计生产出来的。设计和生产的过程需要全员的积极参与。为此要加强沟通，以增进员工对个人重要性的认识，要促进整个组织的协作，提倡分享知识和经验，要让员工了解影响执行力的制约因素，要赞赏和表彰员工的奉献，要针对个人目标进行绩效的自我评价，等等。

这一原则强调每个员工，无论其在组织中的职位如何，都应对质量承担责任。从高层管理到基层员工，每个人都应参与质量改进的过程。员工应当被鼓励为质量改进提供反馈和建议，不应因害怕批评或担忧个人地位而保持沉默。

为确保每个员工都能有效参与质量管理，组织应提供必要的培训和教育，使员工理解质量标准、工具和技术。在出版组织中，知识的共享与交流是保持内容创新和质量的核心，企业应该定期组织研讨会和培训，使得编辑、校对、设计、市场和其他部门之间能够进行知识和经验的交流，从而确保从创作到出版的整个流程都融入了高质量的要求。鉴于出版企业的多个部门在出版过程中的互动性，强化跨部门合作是确保质量的关键。这种合作应基于共同的质量目标，通过定期的跨部门会议和项目团队合作来实现。为确保每位员工都能在其职责范围内为质量作出贡献，管理层应赋予员工必要的决策权力，同时提供必要的资源和工具，使他们能够识别和解决潜在的质量问题。出版企业应提供持续的职业发展机会，以确保员工的知识和技能始终与行业最佳实践和标准保持同步。通过持续的沟通、培训和领导的示范作用，培育一个将质量视为核心价值的企业文化。

全员参与原则在出版企业中的运用不仅仅是一个管理策略，更是企业文化的体现，可以为企业的持续创新和发展提供坚实的基础。只有当每个人都参与并对结果负责时，组织才能真正实现质量卓越。

简而言之，全员参与原则强调的是每个员工都在质量改进中扮演着关键角色。

4.2.4　过程方法

过程方法原则是指通过识别、管理与相互关联的多个活动作为一个过程来实现预期的结果。当应用过程方法对系统进行管理时，效率和效果会更好。这一原则强调，对组织内部的各种活动、资源和关联的关系以过程的方式进行理解和管理，可以更有效地实现组织的目标。

过程方法是质量管理中最基本的方法。质量管理体系由多项活动组成，这些活动往往是环环相扣，相互关联，功能连贯的。使用过程方法可以在每一个环节及时纠正错误，以免将问题带入下一个环节。通过过程方法的循环，可以使组织质量管理的效果逐步上升。因此，组织在确立质量体系目标时，应明确实现这些目标所需的过程，并为这些管理过程确定职责、权限和义务，明确过程之间的相互关系，将子过程和过程以系统化的思路进行管理。

过程方法原则强调系统化思维，将组织内的活动和资源看作是多个相互连接的过程，而非孤立的单个任务。出版企业要识别核心过程，如选题、组稿、审稿、编校、发行等，每个过程都有明确的输入、过程活动和输出。输入是过程的原始资源或信息，经过一系列的活动或操作，最终形成输出。过程方法强调对每个过程进行持续的监控、评估和改进，定期评估每个过程的效率和效果，以确保其持续满足或超出期望。对过程要进行风险管理，出版企业要充分考虑出版业的特点，通过识别和管理与过程相关的潜在风险，确保关键过程能够稳定并按预期运行。过程方法不仅关注过程的效率（如何更快、更低成本地完成任务），还关注效果(结果的质量或满足客户需求的程度)。简而言之,过程方法原则是关于如何更系统、更有计划地对待组织内的活动,使其更高效、高效果地运行,从而更好地满足客户和其他利益相关者的需求。

在出版企业中,过程方法原则可以指导企业更加系统化地管理从内容生产到出版和分销的所有步骤。

4.2.5 持续改进

持续改进是一个永无止境的过程,意在系统性、持续地寻找和实现新的方法,从而提高产品、过程和系统的性能。组织不应满足于现状,而应不断寻求更好的方法来满足顾客和其他利益相关者的需求和期望。改进的机会无处不在,无论是小幅度的调整还是大的变革。

改进对于组织而言也是必需的。一方面,随着内外部环境的变化组织必须顺应这样的变化,与时俱进;另一方面,组织在经营过程中难免遇到这样或那样的问题,也需要采取相应的改进措施。在朱兰质量管理三部曲中,质量策划、质量控制、质量改进,构成了质量管理的整体内容。

持续改进总体业绩应当是出版企业的一个永恒目标。出版产品质量持续改进的最本质的含义就是不断满足读者的需求,而读者的需求是随着社会的进步和科技的发展不断变化、提高的。所以对于质量的持续改进是大势所趋,并成为一个出版企业的永恒的目标和永无止境的追求。改进是指产品质量、过程及体系有效性和效率的提高,持续改进质量管理体系的目的在于增加顾客和其他相关方满意的机会。

组织可以使用 PDCA 循环(Plan-Do-Check-Act)进行改进,也可以学习和应用质量工具和方法(如六西格玛、5S 等)来辅助改进活动。持续改进可以帮助组织增强竞争力,提高资源利用率,减少浪费,从而降低成本。同时,通过让员工参与改进和创新的过程,增强员工的参与感和满足感。持续改进还有助于提高顾客满意度和忠诚度。

在质量管理中,持续改进是确保组织长期成功的关键因素。通过持续改进,组织不仅能够应对外部环境的变化,还能主动创造新的机会,从而在市场中取得领先地位。在出版企业中,持续改进原则对于确保出版物的质量、满足读者需求以及应对行业变革都有着至关重要的作用。

4.2.6　循证决策

决策是一个复杂的过程，并且包含不确定性。决策贯穿于出版组织工作过程的各个环节。决策是在活动实施之前通过对信息的筛选评估和利用，选择最佳运作方案。

科学管理的特征之一就是实事求是，讲究事实数据和信息。有效决策建立在数据和信息分析的基础之上。循证决策是指基于数据和事实进行的决策。这要求组织收集、分析和评估数据和信息，以便做出明智和有根据的决策。通过这种方式，组织可以更有效地分配资源，确定和优先处理风险，并提高效率。

在质量管理中，循证决策是一直被强调的原则，因为质量管理的目的是持续改进和提高效率，这需要明确的数据和事实作为基础，而不仅仅是基于直觉或偏见。出版企业需要收集关于书籍销售、读者反馈、版权交易、生产成本等的数据。这些数据可以为决策者提供关于市场趋势、受欢迎的选题、有效的销售策略等的深入洞察。循证决策可以帮助企业通过收集和分析关于错误率、读者反馈和内容评价的数据，来评估和提高编辑和校对的质量。通过对生产和分销流程中的每个步骤进行数据分析，出版企业可以找出具体原因并采取措施进行优化。数据分析可以帮助出版企业更好地理解读者的需求和偏好，从而制定更为有效的营销策略，例如定价、促销和市场定位等。在风险管理方面，循证决策允许出版社基于实际数据评估潜在风险，如库存、版权纠纷或技术壁垒，并据此采取预防措施。

总的来说，循证决策原则鼓励出版企业基于实际数据和证据进行决策，而不是仅依赖直觉或过去的经验。这可以帮助出版社在快速变化的市场环境中保持竞争力，提高效率并满足读者的期望。

4.2.7　关系管理

关系管理是质量管理原则中的一个关键要素，强调组织与相关方之间的互动和合作，以实现持续的双方利益。这一原则强调，对于任何组织而言，建立并维护与关键利益相关者的良好关系都是至关重要的。

关系管理原则包含以下几个方面：（1）利益相关者的识别：确定那些可以影响或可能受到组织决策、活动和结果影响的个体或组织。（2）长期合作：与供应商、客户、合作伙伴和其他利益相关者建立和维护长期关系，以确保业务的稳定性和持续性。（3）共同价值创造：通过合作与沟通，与利益相关者共同创造价值。这可能涉及共享资源、知识、风险和机会。（4）反馈与沟通：保持与利益相关者的开放沟通，以确保对其需求和期望的深入了解，并及时获取和回应其反馈。（5）信任与透明度：通过诚实、公开和一致的行为建立和维护信任。透明的决策和行为可以减少误解，并增强合作关系的强度。

关系管理这一原则是从与供方互利关系发展而来。在现代社会中，组织为了可持续发展，必须关注到相关方利益，包括股东、顾客、供方、员工和社会同时这些相关方也会对质量产生很大的影响。组织与相关方相互依赖，组织与相关方的良好合作将最终促使组织获得更大的效益。出版企业的生存与发展依赖于读者、员工、所有者、供方、社会等相关方。如果互利关系中少了一方，就是组织赖以生存与发展的基础少了一根支柱。

在出版企业的质量管理中，关系管理原则的运用具有重要的战略和实践意义。出版企业应识别和理解其关键的利益相关者，如作者、印刷商、分销商、读者、评论家和政府机构。理解他们的需求和期望是建立有效关系的基石。与供应链伙伴（如印刷商、分销商、技术供应商）建立长期、稳定的合作关系，这有助于保证出版物的质量和及时交付，以及引入最新的出版技术和解决方案，如数字出版、增强现实（AR）和虚拟现实（VR）技术等。出现问题或纠纷时，出版企业应采用公开、透明和合作的态度，以建立和维护与利益相关者的信任关系。在决策时，不仅要考虑社会效益和经济效益，还要考虑长期与利益相关者建立和维护良好关系。

总之，关系管理原则要求出版企业与其所有利益相关者建立和维护健康、长期的关系，以实现共同的目标和价值，从而确保出版物的高质量和成功的市场推广。

4.3　出版企业建立质量管理体系的关键点

2015 年版 ISO9000 族标准体系关于建立质量管理体系的总体要求和步骤，适用于各种不同类型的组织。出版组织如果引进 ISO9000 质量管理体系，应当秉持实事求是的态度，根据自身的行业特点和实际情况采用合适的步骤与方法，同时注意与出版组织原有的质量管理体系的衔接，避免出现一个组织两套质量管理体系各不相融的"两张皮"现象。

贯彻 ISO9000 族标准体系的总要求是组织内部建立质量管理体系，包括形成符合要求的质量文件，实施和保持质量管理体系并且持续改进其有效性，其中有两个关键点：质量管理原则中的"过程方法"和"管理的系统方法"。

4.3.1　关键点一：过程方法

在确保出版组织的质量管理体系与 ISO9000 标准体系无缝对接的过程中，其中的一个核心部分是对各个流程和系统的深入理解与实施。这涉及如何将每一个细节和步骤纳入一个更大的、互相协作的框架。这正是质量管理中的"过程方法"所强调的——不仅看到每一个独立的过程，而且将其视为一个整体的、连续的链条，确保组织的所有部分都朝着相同的目标努力。

当我们将识别过程、画出流程图、形成管理制度、合理安排资源、过程控制、持续改进这六条要点置于 PDCA 循环中，它们为组织提供了一个明确的框架，用于定义、执行、检查并改进其质量管理过程。此框架确保了过程的连续性和一致性，而持续的反馈和改进确保了组织能够适应变化并优化其操作。在出版企业的质量管理实践中，过程方法和 PDCA 循环的应用有助于提升出版内容的质量、优化流程和提高整体管理效率。

1. 识别过程

在组织内部建立质量管理体系前，企业必须首先了解自己的运作方式。识别过程就是这个阶段的核心，它确保组织了解其所有活动，无论是核心业务还是支持业务。识别过程也有助于明确每个部门或个人的职责范围。这确保了每个人都明白自己的角色和如何为整体目标作出贡献。如产品实现过程可包括：选题策划、识别和评审选题、丛书系列设计、营销方案策划与设计、图书装帧设计等过程。应识别每个过程的输入、输出、所需资源和活动内容。识别质量管理体系所需的过程时，应当针对下述问题来进行一一识别：本组织的质量管理体系所需要的过程；影响到产品符合性的外包过程；每个过程的输入和输出；过程的顾客及这些顾客的要求；过程所涉及的关键部门或主要责任者即"所有者"（Owner）。

一旦过程被识别和定义，企业可以为每个过程制定具体的工作标准和规范，以确保活动的一致性和可预测性。通过识别和明确每个过程，企业可以更有效地识别潜在的风险点，从而制定相应的风险管理策略。只有清晰地知道各个过程和它们的运作方式，企业才能有效地识别出哪些地方存在改进的机会，并采取措施来增强效率和质量。例如通过招标来选定合作的排版、制版、印刷、装订、纸张材料供应单位，建立外编、外校人员数据库等。

出版企业在识别过程时，如发现现行管理中无益的、不产生增值作用的过程应将其除去。要识别整个过程的系统中主导的、关键的过程，并采取必要的措施保证对它们有效控制。

出版业务涉及多个环节，这些环节之间可能存在交互作用。只有充分识别和理解这些交互关系，企业才能确保整个系统的协同运作。在出版企业的质量管理中，对过程的识别不仅是开始，更是整个质量管理体系的基础。只有充分识别并了解所有过程，企业才能为客户提供高质量的产品和服务，同时也能为自己创造更多的价值。

2. 画出流程图

流程图为出版企业提供了一种直观的方式来表示复杂的工作流程，使得管理层和员工能够清晰地看到从内容创作、编辑、出版到最终发行的全过程。流程图帮助出版企业揭示和识别过程中可能被忽视的细节，如冗余的步骤、潜在的瓶颈或效率低下的环节。流程图有助于揭示关键控制点，在流程中某些步骤对质量的影响可能比其他步骤更大。流程图能识别这些细节，确保它们得到适当的关注。通过共同绘制和审查流程图，团队成员可以更好地了解他们的工作如何与其他部门或团队成员的工作相互关联，从而促进跨部门的协同工作。有了清晰的流程图，出版企业可以更容易地识别哪些环节有改进的机会，制定相应的策略，然后在流程图上实施这些变更，确保持续的效率和质量提升。对于新加入的员工，流程图是一个宝贵的工具，可以帮助他们快速了解组织的工作方式和他们自己在整个过程中的角色。出版企业的质量管理中，流程图是一个核心的工具。它不仅能够帮助企业更好地组织和执行任务，还为持续改进提供了基础。无论是对于老员工还是新员工，流程图都能确保每个人都明白自己在整个系统中的位置和责任。

画出流程图需要注意的问题是：要体现出组织的过程的总体流程；采用过程图或流程表描述流程；过程间的接口要明确；详细列出所需的文件程序、作业指导书。通过画出流程图对于应用过程的有效管理可能需要调整机构设置或职能分配，有针对性地消除某些部门或管理层次之间的管理壁垒、"三不管"、重叠管理、推诿等不良现象，为此需调整过程之间的接口关系，调整管理层次或机构设置等。

3. 形成管理制度

为使过程达到预期的目标或要求，要确定保证过程有效运行和控制所需要的准则和方法，形成相关的管理制度。准则，即每个过程应符合的要求或过程标准。通过对准则的确定以达到每个过程期望的结果。方法，即如何控制、如何测量的规定或程序。

在出版组织中，标准化是关键。管理制度提供了一个标准化的框架，确保所有过程从选题、组稿、审稿、编校、出版到最终的分销，都按照统一的标准和方法进行。管理制度清晰地定义了各个部门和员工的职责和责任。这有助于减少误解、冲突，确保每个工作环节都能得到适当的关注。凭借明确的管理制度，出版企业可以识别潜在的风险点，如版权侵权、内容错误等，并制定预防措施，从而避免潜在的经济损失或声誉风险。管理制度可以确保即使关键员工离职或出现其他变故，企业的核心操作也能持续进行，保证业务的连续性。

管理制度提供了一个明确的、基于事实的框架，帮助管理层进行更明智的决策，从而优化资源分配和提高效率。管理制度不仅确保现有过程的顺利运行，还为企业提供了一个基于事实和数据的基础，用于识别改进机会，并调整制度以实现更好的结果。

在出版企业的质量管理中，形成明确的管理制度不仅为日常运作提供了指导，还为企业在面临变革、扩张或其他挑战时提供了支持。

4. 合理安排资源

资源，无论是人力、物力还是财力，在有限的环境中都是宝贵的。在出版行业，合理的资源分配是确保项目按时完成、预算内实现并达到预期质量的关键。当资源得到合理分配时，工作流程更为顺畅。通过合理的资源配置，不仅可以节约时间，还可以降低不必要的开支。当员工认为他们的时间和技能得到了合理地使用和认可，他们的满意度和承诺度通常会增加，从而提高整体生产率和质量。在面对市场变化，如技术进步、消费者趋势或经济变革时，合理分配资源使企业能够快速调整策略，以适应新的需求或机会。

合理分配资源和信息需要解决以下问题：每个过程需要哪些资源？有哪些沟通的渠道？组织如何提供关于过程内部和外部的信息？组织如何获取反馈信息？组织需要收集及保存哪些数据和记录？

在出版企业中，合理安排资源意味着正确地将资源对准核心任务和目标，以达到最大的输出。这不仅需要对当前的需求和任务有深入的理解，还需要对未来的趋势和挑战有前瞻性的认识，确保企业始终处于有竞争力和适应性的位置。

5. 过程控制

过程控制是确保组织各流程按预定要求进行的方法和技术。它涉及对特定活动的测量、监控和调整，以确保预期的结果被实现。

在出版业中，过程控制对于保证产品质量至关重要。对于每一个关键流程，实施实时的质量控制措施，确保其按照既定的标准执行，并及时识别并纠正偏差。这可以确保出版产品的质量，避免因错误或遗漏而导致的额外成本。

过程控制确保出版产品的每个阶段都得到适当的关注和管理。过程控制允许实时监测工作流程，从而在问题出现时立即进行干预，而不是等到项目结束时再亡羊补牢。早期发现和纠正问题可以节省大量的时间和资源。通过对过程的持续控制和优化，组织可以减少浪费。

过程控制不仅是技术性的活动，它还有助于强化组织内部的质量文化。当所有员工都明白并积极参与质量控制活动时，它为整个组织创造了一个以质量为中心的思维模式。过程控制为持续改进提供了基础，因为过程控制为组织提供了反馈，使其能够识别潜在的改进领域，并采取行动进行改善。

6. 持续改进

持续改进，通常与戴明环或 PDCA 循环(Plan，Do，Check，Act)相关，意味着组织应始终寻求提高其过程、产品或服务的方法。组织不仅要关注现有的问题和瓶颈，而且要关注将来可能的改进和机会。

在一个瞬息万变的市场环境中，那些能够不断适应并提高其运作能力的组织将更有可能保持其竞争地位。在出版业中，这可能意味着出版企业不能停止探索新的分销渠道、采用最新的印刷技术或响应读者变化需求的脚步。持续改进通常会带来更高的效率，这意味着更少的资源浪费。

在出版企业中，持续改进可以看作一种组织文化，而不仅仅是一种方法或工具。它鼓励所有员工关注质量，始终寻找方法来改善工作流程、提高产品质量和增加客户满意度。这种文化的核心是认识到总有可能做得更好，无论当前的成果如何，总有机会进一步优化和提高。当员工看到他们的努力获得了实际的改进和成果时，他们可能会感到更加满足和投入。这可以提高员工的士气、忠诚度和生产力。

在出版业中，持续改进可能意味着提供更高质量的内容，更快的发布速度或更具吸引力的设计。这有助于保持和提升顾客的忠诚度。

以上 6 条要求是过程方法的体现。其中前 3 条是策划 P，第 4 条是实施 D，第 5 条为检查 C，最后一条为处置 A，这样形成了 PDCA 循环。用过程方法管理过程的目的是使组织高效率地达到过程目标。

4.3.2　关键点二：管理的系统方法

"管理的系统方法"强调将组织视为一系列相互关联的过程，这些过程作为一个整体来进行管理和改进。这种方法的核心思想是，组织不仅仅是其各个部分的总和，而是一个动态、互相作用的系统。

首先，从宏观角度看待组织，意味着超越传统的部门或过程的界限，看到它们之间的相互联系和依赖。这种视角使管理者能够更全面地理解组织的工作方式，从而更好地协调和整合各个部门和功能，确保它们朝着共同的目标努力。

其次，当我们认识到组织内部的各个过程都是相互关联的，我们就会更加重视确保所有的过程、策略和活动与组织的整体战略和目标保持一致。这不仅有助于提高效率，还可以确保组织不会因为某些部门的独立行动而偏离其主要任务。

再次，将组织视为一个整体系统还有助于更好地识别资源浪费和低效的地方。当管理者能够从整体的角度看待组织，就更容易发现那些不符合组织整体战略的活动，从而进行相应的调整和改进。

最后，当外部和内部环境发生变化时，一个整体的、系统化的管理方法可以帮助组织更快地适应和应对。这是因为，当组织被视为一个互相联系的系统时，任何一个部分的变化都可能影响到整个系统。因此，管理者需要时刻保持警觉，确保组织能够迅速适应这些变化，从而维持其竞争力。

在出版企业建立质量管理体系的过程中，运用"管理的系统方法"意味着将出版流程的各个环节视为一个连贯的系统，而不是独立的部分。这样，出版企业不仅可以确保各个环节的顺利进行，还可以确保整个出版流程的高效和协同。当出版企业管理这个系统时，可以更有效地协调这些不同的环节，确保它们共同努力，更好地满足读者的需求，并实现组织的长远目标。

4.4 出版企业质量管理体系文件编制

质量体系文件包括质量手册、质量体系程序文件、质量计划和记录。编制组织的质量文件的目的在于：第一，梳理清楚组织的质量体系结构。第二，以书面形式约定质量体系运行的准则。第三，以相关文件群的形式提供质量体系运行的保证。出版企业质量管理体系文件化，是指建立覆盖企业质量管理全过程、各层次、十分清晰的文件结构，且各类文件之间的关系体现协调性和整体性。

4.4.1 出版企业质量管理体系文件化的作用

编制出版企业质量管理体系文件，将出版企业的质量管理制度以文件化的形式稳固下来，具有如下积极的作用。

1. 保障组织制度化运作

质量管理体系文件的编制不仅是一个简单的文件整理过程，而是一个深入的、系统的思考和规划活动。它涉及将原有的质量管理系统与国际公认的ISO9000 族标准体系进行融合，这需要对现有系统进行深入的分析、重新构思和设计。这样的结合意味着出版企业不仅要遵循国内的质量标准，还要确保其管理体系与国际上的先进管理理念和实践相一致。文件化的质量管理体系为出版企业提供了一个明确、系统的操作规范和指南。这不仅确保了各个工作过程的标准化和一致性，而且强调了对质量管理的持续关注和执行。

质量管理体系文件不仅是一个静态的指导手册，而是一个动态的、持续更新的工具。随着市场需求的变化、技术的进步和管理理念的更新，这套体系也会不断地进行调整和完善，确保出版企业始终处于行业的前沿。

2. 为企业内外部沟通架起桥梁

文件化的质量管理体系不仅是一个工作指南，更是一个沟通的工具。它为内部员工提供了一个明确的参考框架，使他们能够更好地理解自己的职责和期望，以及如何与其他部门或团队合作。这种明确性有助于减少误解和冲突，确保信息在组织内部流动时的准确性和时效性。

对于外部合作伙伴，如供应商、分销商或客户，文件化的体系为他们提供了一个清晰的视角，了解企业的工作流程和质量标准。这种透明性有助于建立信任，确保双方在合作过程中的期望和目标是一致的。

编写质量文件时，特别强调了质量管理全过程中各个环节、各个层次之间的衔接和协调。这种全面性确保了组织内外的沟通是连贯的，避免了因信息断裂或误解导致的扯皮现象。当所有相关方都对质量标准和期望有明确的了解时，工作流程更加顺畅，工作效率得以显著提升。

3. 为组织的持续改进奠定基础

文件化的质量管理体系不仅是出版企业日常运营的指南，更是其持续改进的基石。翔实的文件记录不仅反映了企业的当前操作和流程，还为企业提供了一个宝贵的数据资料库，这些数据可以用于审查、分析和改进现有的工作流程。为了实现总体质量控制，组织必须不断地审查和改进其流程和操作。文件化的质量管理体系为这种审查和改进提供了必要的工具和资源。

对于那些在实践中已经出现的常见质量问题，编制质量文件时应该总结和学习这些经验，确保这些经验成果被固化并纳入企业的标准或文件。这样，企业可以避免重复过去的错误，确保"旧病不复发"。这种经验的积累和总结不仅有助于解决当前的问题，而且为未来可能出现的新问题提供了参考和指导。

此外，文件化的质量管理体系还为员工提供了一个学习和成长的平台。通过参与流程的审查和改进，员工可以不断地提高自己的技能和知识，为企业的持续改进作出贡献。

4. 有利岗位职责与权利"契约"化

质量管理体系文件的存在，确保了组织内部的工作流程、职责和权利都以书面形式明确规定，而不是依赖于模糊的口头约定或隐含的理解。这种书面的"契约"为每个员工提供了一个明确、可参考的工作指南，确保他们知道自己在组织中的位置、职责和期望。当每个员工都明确知道自己的职责和权利时，他们更容易专注于自己的工作，更有动力去追求卓越的工作表现。

文件化的质量管理体系不仅为每个员工提供了一个明确的工作框架，还为管理者提供了一个有效的管理工具。通过这些文件，管理者可以更容易地监控和评估员工的工作表现，确保他们都在按照既定的标准和流程进行操作。同时，这些文件也为员工提供了一个保障，确保他们不会因为管理者的主观判断或偏见而受到不公平的对待。当所有的职责和权利都被明确规定时，潜在的冲突和误解的可能性也大大降低。员工之间、员工与管理者之间的沟通变得更加顺畅，团队的协作效率得到提高。

5. 提供培训与学习的"好教材"

质量管理体系文件不仅是组织内部工作流程和标准的体现，更是员工培训和学习的宝贵资源。这些文件详细描述了组织的质量标准、工作流程和期望，为新员工提供了一个全面、系统的入门指南。通过学习这些文件，新员工可以更快地了解组织的工作文化、流程和标准，从而更快地融入组织，开始他们的工作。

　　为了实现总体质量控制，组织必须确保每个员工都了解并遵循既定的质量标准和流程。质量管理体系文件为实现这一目标提供了必要的工具和资源。对于出版企业来说，这些文件不仅是新员工的培训教材，还是老员工继续学习和进修的资源。无论是新员工的入职培训，老员工的岗位调换，还是其他的岗位培训和进修，这些文件都提供了最切合企业实际、最具操作性的指导和参考。

　　此外，这些文件还为员工提供了一个持续学习和自我提高的平台。随着市场需求的变化、技术的进步和管理理念的更新，质量管理体系文件也会不断地进行调整和完善。员工可以通过学习这些更新的文件，不断提高自己的技能和知识，为企业的持续改进作出贡献。

6. 为考核提供标尺

　　质量管理体系文件不仅是确保组织内部各项工作流程和活动达到预期标准的准则，而且它为组织提供了一个明确、客观的评估工具。这些文件详细描述了组织的质量标准和期望，为员工提供了明确的指导和方向，使他们知道什么是组织可接受的，什么是组织不可接受的。

　　这些文件也为管理层提供了一个有效的工具，用于监控、评估和改进员工的工作绩效。通过与质量管理体系文件中的标准进行比较，管理者可以轻松地识别出哪些员工正在达到或超越这些标准，以及哪些员工可能需要进一步的培训或指导。

　　更重要的是，这些文件为组织提供了一个公正、透明的考核机制。员工知道他们的工作将根据这些明确的标准进行评估，这有助于提高他们的工作积极性和责任感。同时，这也确保了所有员工都受到公平和一致的对待，无论他们在组织中的位置如何。

　　质量管理体系文件不仅确保了组织的工作流程和活动的质量，而且为组织提供了一个有效、公正的员工考核工具，有助于提高员工的工作效率和满意度。

7. 对外塑造企业形象

　　一个系统完备的文件化质量管理体系，不仅彰显了出版企业的专业性和责任心，还有助于建立与维护其在市场上的信誉。文件化的质量管理体系不仅是企业内部工作的指南，还是企业与外部世界互动的重要工具。

一个系统完备的文件化质量管理体系证明了企业对其出版内容和流程的严格把控，确保每一个产品都达到了高质量的标准。这种对质量的承诺不仅反映了企业的专业能力，还显示了其对读者和合作伙伴的尊重和责任。

一个完善的质量管理体系也为企业在竞争激烈的市场中脱颖而出提供了有力的支持。当消费者和合作伙伴知道一个企业有严格的质量标准和管理流程时，他们更容易对该企业产生信任。这种信任是无价的，它可以转化为更高的销售额、更多的合作机会和更强的品牌忠诚度。

一个明确的质量管理体系还可以作为企业与外部利益相关者沟通的桥梁。无论是与供应商、分销商还是消费者的沟通，企业都可以引用其质量管理体系中的具体条款和标准，确保双方都对期望和要求有明确的了解。

8. 风险管理与应对

在现代企业管理中，风险管理是一个至关重要的环节。面对潜在的质量问题或争议，企业需要有一个完善、有序的文件系统，以确保在应对这些问题时能够迅速、准确地作出反应。

为了实现总体质量管理，出版企业不仅需要关注产品和服务的质量，还需要关注潜在的风险和挑战。一个完善的文件系统可以为企业提供必要的证据和资料，帮助其及时识别、评估和管理这些风险。

当出现质量问题时，企业可以迅速查找相关的生产记录、检验报告和其他相关文件，以确定问题的来源和原因。这不仅有助于出版企业及时采取纠正措施，还可以为企业在与客户、供应商或其他利益相关者沟通时提供有力的证据。同时，一个完善的文件系统还可以帮助企业预测和预防潜在的风险。通过定期审查和分析这些文件，出版企业可以发现潜在的问题和不足，从而及时采取预防措施，避免问题的发生。

4.4.2　质量管理体系文件的层次结构

质量管理体系文件通常具有层次结构，以确保组织各个层面的运作都得到恰当的指导和记录。质量文件主要有五种类型。

其层次结构如图 4-1 所示。

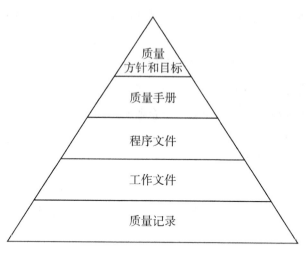

图 4-1　质量管理体系文件层次结构

（1）质量方针和质量目标，组织的行动指南。

（2）质量手册，纲领性文件。总体描述组织的质量管理体系、质量政策和目标。

（3）程序文件，质量手册的支持性文件。这些文件描述质量管理体系的主要流程和程序。

（4）工作文件，如作业指导书等，是工作过程中的具体文件，针对操作者或岗位而编制。工作文件更具体、更详细，为员工提供日常任务的明确指导。

（5）质量记录，是质量管理体系运行状况的证明，也为产品追溯及质量改进的依据。这些文件提供了实际操作的证据，如审核结果、差错报告、顾客反馈等。

在出版企业的质量管理体系中，为确保文件结构的有效性和适应性，以下几点应予考虑：（1）行业特性：出版业具有其独特性，如内容的多样性、版权问题、市场趋势等。文件系统应反映这些特性。（2）灵活性：出版市场和技术不断变化，因此文件系统需要具有一定的灵活性，以适应新的市场需求和技术变革。（3）持续改进：与其他类型的企业一样，出版企业的质量管理体系文件应定期进行审查和更新，确保其持续适应和改进。（4）员工参与：员工是执行文件内容的关键。他们对流程和任务的深入理解可以为文件系统的完善提供宝贵建议。总之，出版企业应确保其质量管理体系文件结构既系统又实用，能够充分支持业务需求，同时也能够应对市场和技术的变化。

　　出版组织建立质量管理体系通常由领导小组和编写小组合力完成。领导小组主要负责编写原则的确定、编写组人员的选择以及质量管理体系文件的审核等。编写小组负责具体的文件编写工作。一般主要由出版社质量管理部门负责，另外从各个职能部门各抽出一个人员，组成编写小组。与出版组织的质量管理实践对应的文件体系如表4-2所示。

表4-2　　　　　　　　　　出版企业质量管理文件体系

序号	名称	适用范围	内　　容	性　　质
1	质量方针、目标	整个组织	组织总的质量宗旨、方向和追求目标	组织质量管理的关注焦点
2	质量手册	组织	规定本组织如何贯彻质量标准	规定质量标准文件，如：1. 图书等出版物内容质量标准及编校、装帧设计、印装质量标准及保障机制；2.《出版管理条例》；3. 国家有关标准(书号、条码使用、书名页等)的执行及监督管理
3	程序文件	部门	为进行某项活动或过程所规定的途径	各项基本管理制度，如：1. 选题论证制度；2. 合同管理制度；3. 三级审稿制度；4. 三校一读校对责任制度；等等
4	管理文件	部门	管理过程或其中作业的各种文件(含质量计划)	多层次的质量管理文件，如：1. 发稿要求；2. 生产(排、印、装)质量监测管理；3. 样书及成品书检查管理；等等
5	质量记录	部门、岗位	过程作业的实施记录	过程作业的实施结果或证据，如：1. 审读报告、审读记录；2. 生产流程表；3. 样书检查结果；4. 出版从业人员资格认定及培训记录；5. 其他各类质量记录、报告、表格；6. 读者信息反馈；等等

4.4.3　质量管理体系文件编写的基本程序

质量管理体系文件编写的基本程序涉及多个步骤，旨在确保组织的所有关键过程和活动都得到适当的描述和指导。以下是文件编写的基本程序：

(1)深入学习与理解 ISO9000 族标准体系及质量管理的相关理论。

为了确保出版组织能够有效地实施和维护 ISO9000 质量管理体系，员工需要对其有深入的理解和掌握。这不仅涉及标准的文字内容，更重要的是理解其背后的理论和精神。培训方式可以多样化，既可以组织内部的研讨会和培训课程，也可以派遣员工参加外部的专业培训班。在培训过程中，鼓励员工进行小组讨论，分享学习心得，相互交流对标准和理论的理解，确保每个人都能够真正吃透并应用。

(2)资料调研及深入了解组织的实际情况。

为了更好地实施 ISO9000 质量管理体系，出版组织可以考虑到已经成功实施并取得良好效果的出版机构进行实地调查和学习。这种实地调研可以为组织提供宝贵的第一手经验和实践案例。此外，咨询专业的咨询单位也是一个很好的选择，他们可以提供其他单位的成功经验、常见问题及解决方案，以及质量文件的实例。这样，出版组织可以避免一些常见的错误和陷阱，更加顺利地实施。

(3)明确企业自身的质量管理需求并进行针对性的规划。

每个出版组织都有其独特的工作流程、文化和需求。在开始编写质量管理体系文件之前，首先需要对本企业的实际情况进行深入的调查和了解。这包括了解组织的工作流程、员工的职责和需求以及组织面临的特定挑战和机会。基于这些信息，可以明确文件的目的、范围和目标读者，确保文件内容既具有普遍性，又具有针对性，能够真正满足组织的实际需求。

(4)细致的数据和信息收集。

为了确保待编写的文件内容准确、全面且有针对性，需要进行深入的数据和信息收集。这包括但不限于现有的数据、流程描述、工作指导书、历史记录、员工反馈和其他与主题相关的材料。这一步骤要求编写者具有细致入微的观察力和耐心，确保不遗漏任何重要信息。

（5）拟定明确的计划并分工编写。

在收集完所有必要的数据和信息后，需要制定一个明确、实际的编写计划。这个计划应该详细列出需要编写的文件类别、数量、预期完成时间、基本格式和编写方法等。然后，根据每个编写者的专长和经验，将这些任务分配给他们，确保每个人都能够在自己擅长的领域发挥最大的效益。

（6）统一汇总，形成初步草案。

完成初稿后，由质量管理部门统一收集和汇总这些材料。这一步骤要求高度的组织和协调能力，确保所有的内容都能够被整合在一起，形成一个连贯、统一的草案。此外，全体编写人员应该共同参与讨论和研究，确保草案的内容既准确又实用。

（7）内部审查与试点运行。

在形成草案后，需要进行内部审查。这一步骤要求组织内的关键责任人和相关专家对草案进行深入的审查，确保其内容的完整性、准确性和适用性。任何发现的问题或建议都应该被记录下来，并在后续的修订中予以考虑。经过内部审查后，由质量管理体系文件编写领导小组对草案进行最终审核。一旦草案得到批准，可以开始试点运行，这将为正式实施提供宝贵的经验和反馈。

（8）持续跟踪运行结果，完善正式文件。

在试运行期间，不仅要观察文件的实际运行效果，还要密切关注可能出现的问题或不足。编写人员小组应该定期收集反馈，分析文件在实际操作中的效果，以及员工对其的接受程度。根据这些反馈，小组应及时组织对文件进行修改和完善，确保其内容既准确又实用，最终形成质量管理体系的正式版本。

（9）广泛发布与确保全面通知。

一旦文件经过领导小组的审核并得到批准，就应该在组织内部进行广泛发布。这不仅包括在组织的内部网站或公告板上发布，还应该通过电子邮件、会议或其他方式确保所有相关人员都得到通知。这样可以确保每个员工都了解新的文件内容，以及它对他们日常工作的影响。

（10）全面实施与针对性培训。

文件的发布只是第一步，为了确保其内容能够被正确、有效地执行，还需要为员工提供相应的培训。特别是当文件涉及新的工作流程或对原有的质量管理模式有所改变时，培训变得尤为重要。培训内容应该详细、具体，确保员工能够理解并掌握文件中的所有要求和标准。

(11)定期审查与适时更新。

为了确保文件始终与组织的实际操作和市场需求保持一致，需要定期进行审查。这不仅包括对文件内容的审查，还应该收集员工的反馈，了解他们在实际操作中遇到的问题或建议。根据这些反馈，可以对文件进行适时的更新和完善，确保其始终保持最新状态，满足组织的实际需求。

质量管理体系文件编写的注意事项：

(1)简洁性：在编写文件时，应确保内容简明扼要，直接切入主题。过于冗长或复杂的描述可能会导致读者失去兴趣或难以理解。简洁性不仅使文件更易于阅读，还有助于减少误解和混淆。

(2)明确性：使用简单、明确的语言是关键。避免使用技术性强或容易引起混淆的术语，除非它们是必要的。每个描述或指令都应该是明确的，确保每个读者都能够得到相同的理解。

(3)格式一致性：为了确保文件的专业性和易读性，所有文件应遵循统一的格式、字体和风格。这不仅有助于提高文件的整体质量，还可以增强组织的品牌形象。

(4)易于访问和理解：文件应该容易访问，确保所有相关的员工都能够在需要时找到它。此外，内容应该是易于理解的，避免使用过于复杂的句子结构或难以理解的术语。

(5)内容精简：避免重复性内容。如果某个过程或步骤已经在其他文件中详细描述，考虑使用交叉引用，而不是再次重复相同的内容。这有助于减少文件的篇幅，同时确保信息的一致性。

(6)与行业法规和标准的融合：出版企业在运营过程中可能需要遵守多种行业标准或法规。在编写质量管理体系文件时，必须确保文件内容与这些标准和法规相符，以确保组织的合规性。

(7)建立反馈机制：鼓励员工对文件内容提供反馈。这不仅可以帮助组织发现潜在的问题或不足，还可以确保文件始终与实际操作保持一致。通过定期收集和分析员工的反馈，组织可以不断完善文件内容，确保其始终满足组织的实际需求。

通过遵循这些基本程序和注意事项，出版企业可以提升质量管理体系文件的有效性、准确性和适用性。对于出版企业来说，重要的是确保其质量管理体系文件不仅遵循 ISO9001 等国际标准，而且还符合其特定的业务需求和出版行业的特点。不断的评估和改进这些文件是确保持续改进和客户满意的关键。

4.5　出版企业质量管理体系的实施

在出版企业内部建立一套完整的质量管理体系是确保出版物质量、维持企业声誉并满足读者需求的关键。质量管理体系的主要作用是在质量方面能为组织提供持续满足规定要求的产品，增进顾客和相关方的满意。

出版企业在原有的质量方针、组织架构、质量制度、人员配置等的基础上，引入 ISO9000 族质量管理标准体系，使之与原有的质量管理体系相融合，既能充分发挥全面质量管理理论的指导作用，又能结合出版行业实际，对于出版企业的高质量发展是大有裨益的。出版企业在建立质量管理体系时首先应制定质量方针和质量目标，然后确定实现这些质量方针、目标所需的过程、活动和资源以建立一个管理体系并对该管理体系进行管理。

在 ISO9000 族质量管理标准体系的文件中，只有 ISO9001《质量管理体系要求》，规定了达到顾客满意水平的质量管理体系要求，可用于证实组织具有提供满足顾客要求和适用的法规要求的产品的能力，并能通过持续改进，不断增进顾客满意。ISO9001《质量管理体系要求》既可用于组织内部管理，也可用于合同环境或作为认证的依据。ISO9001 是 ISO9000 族标准中唯一一个用于认证的标准，它从保证顾客的利益出发，提出了对组织质量管理体系的要求。它是各类组织质量管理体系建设的基本要求，也为质量管理体系的评价提供了基本准则。

在出版企业内部建立质量管理体系遵循以下基本步骤。

4.5.1　评估质量管理现状

基于某种目的全面评估出版企业的质量管理现状，如为了引入新的质量管理系统、满足某一认证标准，或仅为了内部改进。评估的内容包括：检查所有与质量管理相关的文档，包括质量手册、操作程序、工作指导书、记录等。确定文档是否完整、更新、并符合当前的操作实践。选择关键绩效指标(KPIs)，例如产品退回率、客户满意度、库存数量等。对这些指标进行深入分析，了解其趋势和可能的原因。对涉及质量管理的关键人员(如编辑、校对、印制、发行、客户服务等)进行访谈，了解他们的观点和建议。对外部利益相关者(如作者、分销商、读者代表)进行访谈，了解他们对企业质量的看法。对关键的质量相关流程进行观察，确保流程按照文档执行，并达到所期望的结果。注意任何可能影响质量的偏差、不一致或疏漏。通过问卷调查、访谈或其他方法收集客户的反馈，了解他们对出版物质量的满意度及其改进建议。对比当前的质量管理系统与行业标准(如 ISO9001 或其他出版业特定的标准)，找出差距；与行业内质量管理的最佳实践标杆比对，找出可以模仿、学习、改进的方向。

根据上述收集的信息，汇总评估结果。制定详细的报告，其中包括现状分析、差距、建议的改进措施等。基于评估结果，制定有针对性的行动计划，确保对识别出的问题和机会进行解决和利用。通过上述评估，出版企业可以获得对其质量管理现状的深入了解，从而为进一步的改进和优化提供明确的方向。

4.5.2　明确质量政策与目标

根据企业的愿景和使命制定质量政策。设定明确、可衡量的质量目标。出版企业的质量政策和目标是其质量管理体系的基石。这些政策和目标为企业在质量管理方面提供了方向，并为所有员工提供了一个共同的参考框架。

质量政策是出版企业对于其产品和服务质量承诺的官方声明。这是一项高层决策，通常由企业的高级管理层制定。它应明确表达出版企业对于确保其出版物的质量的承诺，包括内容的准确性、编辑的专业性、出版物的印刷质量等。此外，政策还应该体现对客户满意度的关注，以及对持续改进的承诺。一旦确定了质量政策，企业应确保所有员工都了解并接受这一政策。此外，这一政策通常也会在企业的官方网站上对外公开，向公众和其他利益相关者展示企业对质量的承诺。

质量目标是根据出版企业的质量政策设定的具体、可衡量的目标。它们为企业在质量管理方面提供了明确的方向，并帮助企业监测其在实现质量政策方面的进展。质量目标应该是 SMART 的，即具体(Specific)、可衡量(Measurable)、可实现(Achievable)、相关(Relevant)、时限(Timely)。例如，一个质量目标可能是"在接下来的 12 个月内，减少由编辑错误引起的退货率 2%"。为了确保质量目标得到实现，出版企业应定期跟踪和评估其进展。如果目标没有得到实现，应找出原因并采取相应的纠正措施。

总的来说，明确的质量政策和目标为出版企业提供了一个清晰的愿景，并为实现这一愿景提供了一个框架。通过这种方式，出版企业可以确保其出版物满足最高的质量标准，并满足或超越客户的期望。

4.5.3　识别并描述主要的业务过程

在质量管理的范围内，过程是一组相关或相互作用的活动，通过这些活动，从输入得到预期的输出。对于出版企业，识别和建立关键质量过程是至关重要的，因为它们直接影响到最终的出版物质量和客户满意度。

从选题、组稿、审稿、编辑加工、校对、排版、印刷、发行到后期的读者反馈和社会评价，出版企业的运营都包含一系列复杂的过程。每一个过程都有其特定的输入、活动、输出和反馈机制。通过系统性的组织分析，识别出那些对质量有直接或潜在影响的关键过程。

为每一个关键过程绘制流程图，明确各个阶段、责任点和决策点。流程图有助于确保每一步都得到了充分的考虑，并为后续的优化提供了参考。对于每一个关键过程，建立清晰、一致的操作标准和指导原则，确保每一次操作都能达到一致的质量标准。通过持续的反馈机制，如员工反馈、客户评价和质量审查，定期评估每一过程的效率和效果。根据反馈信息，采取相应的优化措施，如流程重组、技术更新或员工培训等。

为每一个关键过程设定相关的性能指标，如效率、准确性或时效性。这些指标为过程的监控提供了定量的标准。定期对关键过程进行内部或外部的审核和评审，确保它们始终符合既定的质量标准，并及时发现和纠正偏差。

综上所述，通过系统性地识别、建立、优化和控制关键质量过程，出版企业可以确保其出版物在整个生产和分发过程中都能保持高质量标准，并满足客户的期望。这种系统化的过程管理方法为出版企业提供了一个强大的工具，帮助它们在日益激烈的市场竞争中取得优势。①

4.5.4　划分职责与权限

出版社需要赋予组织所有人员相应的职责和权限，并使其能参与质量管理以达成质量目标。职责和权限的划分可以利用组织图、工作说明书、表单使用流程等工具来展开。依ISO9001标准的要求必须达到下列几项原则：（1）清晰组织结构及职责说明。展现组织结构图，说明各功能单位职责。这就是说组织内要有良好的横向联系各功能单位间责任范围要清楚。（2）明确单位层级及职位描述。可在部门工作说明书中表现单位层级，并描述职位所需的教育程度、技术、经验、工作内容、报告渠道等，这是单位内的纵向指挥系统。（3）明确职责及权限划分。配合ISO9001标准2015版做更广泛的考量对职责和权限进行评估。（4）配合需要适时应变。

在快速变化的时代，外在环境剧烈变动，导致组织会发生变化；组织变化，职责和权限也应重新调整。1997年由新闻出版署颁布的《图书质量保障体系》对出版社内不同的工作环节和工作岗位的职责和权限进行了详细、科学的划分，并将其制度化，如三审制、责任编辑制、责任设计编辑制度和设计方案三级审核制度等，依ISO9001标准划分职责和权限时可以此为参照并根据实际情况做相应调整。

关于人员职责和权限的划分《图书质量管理体系》中有明确的规定。其中，首先必须坚持的审核制度就是出版社业务人员持证上岗制度。出版社负责人，编辑、校对等岗位都必须根据国家制定认定标准和业绩考核办法，进行资格认定和业绩考核后上岗。

4.5.5　实施资源管理

资源管理是质量管理体系的一个支持过程。所谓出版资源，是指与出版产品形成直接相关的各种要素的集合。出版质量管理体系的资源管理包括人才资源、信息资源和物质资源。出版资源的管理与其他产业既有相同之处，又有不同特

---

①　Smith, J. "Process Management in Publishing", Journal of Publishing Studies, 2018, 45 (2)：123-138.

点。对组织所拥有或应当拥有的资源进行组织、协调、改进，使其正常发挥效用。出版社的资源管理就是要提高资源的开发、利用和维护的效率，实现出版资源优化配置，以提高图书产品质量。

出版质量管理体系中的资源管理，包含以下几方面内容：第一，识别和确定资源需求；第二，提供那些必不可少的资源，以保证质量体系的正常运行；第三，改进资源管理，充分发挥资源的作用。

近年来，国内出版业开始逐步引入一些管理系统来加强出版资源的整合和利用，提高工作效率，增强决策支持能力。例如，有些出版社开始实施 ERP 来加强出版资源的整合和利用提高工作效率增强决策支持能力。ERP（Enterprise Resource Planning）全称为企业资源计划管理，是指一个集合企业内部所有资源进行有效计划和控制，以达到最大效益的集成系统；是在先进的企业管理思想的基础上，应用信息技术实现对整个企业资源的一体化管理。出版社通过 ERP 系统将上游提供的内容与下游的分销渠道作为统一资源，能够随时了解出版和发行动态，快速、准确地获取每一种出版物的经营效果；了解各项费用支出情况，科学规范地管理好出版社的编务、出版、发行等业务，使整个出版社的运营流程处于一种清晰状态，从而最有效地利用自身的出版资源，达到效益的最大化。

还有的出版社引入项目信息管理系统（Project Management Information System，PMIS），这是一个以出版社资源、选题、成本、质量、流程及销售管理为核心，集中监控和管理出版社资源，与现代化管理方法和手段相结合，为出版社管理提供决策支持的全流程信息化管理平台。具体包括编务管理、印务管理、电子出版物管理等模块。除此之外，有些出版机构还引入决策系统或者多目标一体化系统来打通各个部门的壁垒进行管理，将上游提供的内容与下游的分销渠道作为统一资源，能够随时了解出版各个过程的动态，快速、准确地获取企业绩效，了解各项成本的情况，科学规范地管理好出版组织的编辑、出版、发行等业务。在建立质量管理体系时，应从实际出发，充分考虑现有管理体系的作用和特点，结合质量管理体系的要求，使二者融为一体，共同为出版组织服务。

4.5.6　制定质量计划

编制质量计划是建立一种机制，将顾客需求、产品或服务的要求与现有的质量管理体系文件联系起来。一个针对性强、内容全面的质量计划，可以优化管理流程，提升管理质量。赢得顾客对组织的信任。因此，出版组织要高度重视质量计划的编制工作。

ISO9000：2000 族标准认为，质量计划是对特定的项目、产品、过程或合同，规定由谁及何时应使用哪些程序和相关资源程序的文件。为了更好地理解质量计划，ISO9000：2000 族标准还给出了三个注解：第一，这些程序通常包括所涉及的那些质量管理过程和产品实现过程；第二，通常质量计划引用质量手册的部分内容或程序文件；第三，质量计划通常是质量策划的结果之一。

根据不同标准，质量计划可分为三种不同类型：（1）产品质量计划和质量管理计划。（2）全过程质量计划和阶段性过程计划。（3）综合性质量计划和单项工作计量计划。

按照实体对象，质量计划可分为产品质量计划和质量管理计划。产品质量计划是指对特定产品的质量产生、形成和实现全过程做出安排，也称为"质量保证大纲"，包含质量工作目标、内容、重点、手段、资源和实践顺序等。质量管理计划是按质量手册的规定，对某个或某几个质量管理体系要素的目标、程序、组织、活动等进行安排。

按照质量形成过程来划分，全过程质量计划就是产品质量形成全部过程的计划，而在产品质量形成过程中，因为某个阶段的特殊性，需要对其进行特别控制，就会编制阶段性质量计划。在出版过程中体现为如组稿计划、发行计划等。

按照质量计划的内容，可以分为综合性质量计划和单项工作计划。在出版活动中组织要针对发展目标综合性的中长期质量计划和年度质量计划。而为了要完成某项具体工作，可以编制单项工作质量计划，比如质量培训计划，再比如针对某个具体问题的改进而编制的质量改进计划等。

质量计划的形式可以分为复杂计划和简单计划。复杂计划涉及产品质量产生、形成全过程，可以采取质量手册的编写体例，而简单计划可以采用流程图、网格图、措施计划表等编制完成。

4.5.7　培训和提高全员质量意识

在出版企业的质量管理体系中，培训和提高全员的质量意识是实施质量管理和确保其有效性的核心环节。因为，无论流程的科学性和技术的高度如何，最终的执行者和监督者是组织中的人。他们的认知、态度和行为直接决定了质量管理的执行效果。

第一，要制定全面的培训计划。根据不同员工的工作内容和责任范围，为他们制定具有针对性的培训内容。要跟踪行业趋势和技术进步，以及企业内部质量管理体系的更新，动态更新培训内容，确保其时效性和前沿性。

第二，要培养组织的质量文化。通过引入行业内外的质量管理专家和学者，为员工提供先进的质量管理理念和方法的培训。设立奖励机制，对于在质量管理中做出突出贡献的个人或团队，给予物质和精神的奖励，以此激励全员积极参与质量管理。

第三，要评估培训效果。对培训效果进行定期的评估，以确定培训内容和方法的有效性，并为后续培训提供反馈和建议。根据评估结果，及时调整培训内容、方法和频率，确保培训始终与质量管理目标和组织需求相一致。

为了确保出版企业质量管理体系的有效实施，不仅需要有健全的流程和明确的指标，还需要通过培训和文化建设等方式，确保全员都具备足够的质量意识和能力，共同为提高出版产品和服务质量而努力。

4.5.8　内部审计和管理评审

在出版企业中实施 ISO9001 质量管理体系，内部审计和管理评审是两个关键的元素，以确保体系的持续适用性、充分性和有效性。

1. 内部审计

内部审计是一个独立、客观的评估活动，用于评定组织内各个部门或过程与已建立的质量管理体系的一致性和有效性。审计可以揭示出版企业实施的质量管理体系中可能存在的问题和不足，为企业提供纠正和预防措施的机会。通过审计，出版企业可以确保其业务过程与 ISO9001 标准的要求一致，从而保持对质量标准的合规性。

内部审计的主要内容：确认过程的实施与记录是否与企业既定的过程和 ISO9001 要求一致。评估过程的输出质量，并检查是否满足顾客和其他利益相关者的要求。识别持续改进的机会。

内部审计的实施方法一般采用事先制定的审计准则和范围进行。由独立、受过适当培训的内部审计员执行。

2. 管理评审

管理评审是组织高级管理层对质量管理体系的整体性能进行定期评估的过程。管理评审可确保出版企业的高级管理层参与到质量管理中，从而加强他们对质量目标和策略的责任感。通过评审，管理层可以获得对质量管理体系实施状况的全面了解，从而为未来的决策提供参考依据。

管理评审的主要内容：考虑内部和外部因素的变化，例如市场动态、技术发展或法规变更。分析质量目标的达成情况和持续改进的机会。评估资源是否充足和分配是否恰当。

管理评审的实施方法一般结合事先收集的相关数据和信息进行；采用事先制定的议程，确保管理评审的系统性和完整性；结果应形成正式的记录，并在必要时被纳入决策流程。

4.5.9 持续改进

持续改进旨在确保组织不仅满足当前的要求，还能预测并满足未来的挑战。持续改进在出版企业实施 ISO9001 质量管理体系中扮演了至关重要的角色，它是企业适应变化、优化资源和确保长期竞争力的关键机制。因为出版行业正经历快速的技术变革和市场动态变化，持续改进确保出版企业始终保持其产品和服务的相关性、质量和竞争力，适应行业和技术的演变，同时满足客户和其他利益相关者的变化需求。

持续改进主要包括以下内容：首先，识别改进机会。从内部审计、顾客反馈、市场分析和内部性能指标中收集信息。其次，确定改进的优先级。鉴于资源和时间的限制，不可能同时追求所有的改进机会。因此，出版企业需要基于风险和回报来确定优先级。再次，实施改进措施。这可能包括流程重组、技术升级、员工培训等。最后，评估改进效果。采用量化的性能指标来测量改进措施的有效性。

持续改进在实施的过程中要注意以下几点：第一，构建质量文化。鼓励员工采用持续改进的思维方式，这是任何成功的质量管理体系的基石。第二，结构化的改进过程。采用如 PDCA（计划—执行—检查—行动）循环，确保改进的系统性和持续性。第三，使用质量管理的技术和工具，例如六西格玛、5W2H、鱼骨图等，都可以支持出版企业的持续改进过程。

尤其值得注意的是，对于出版企业，持续改进可能还涉及对内容、版权、分发渠道、数字出版技术方面的考虑。出版行业的快速演变意味着企业需要有更高的敏捷性和适应性，以快速识别和响应市场和技术的变化。

4.6　国内出版企业质量管理体系实施案例及启示

D 出版社成立于 1982 年，是综合性出版大社，享有"全国优秀出版社""讲信誉、重服务"优秀出版社、首届中国出版政府奖"先进出版单位""全国百佳图书出版单位""中央国家机关文明单位"和"首都文明单位"等荣誉称号。

D 出版社始终秉承"为客户提供一流的知识产品及服务"的宗旨和"出精品、育品牌"的理念，形成了以图书、期刊、音像和电子出版为基本业务，以数字出版与信息化服务、知识内容与教育培训服务、产业促进与行业支撑服务等为增值业务的现代出版与知识服务业务体系。D 出版社始终坚持把社会效益放在首位、实现社会效益和经济效益相统一的经营方针，有多种出版物荣获了"中国出版政府奖""中华优秀出版物奖""国家科技进步奖""文津图书奖"等奖项。

D 出版社始终坚持国际化战略，十分注重开拓国内、国际两个市场，长期与世界知名出版机构开展版权贸易合作，促进文化、科技交流，荣获了"全国图书版权贸易先进单位""全国版权输出出版先进单位"等称号。

D 出版社始终充当创新的先锋，在国内出版界首家设立了博士后科研工作站、首批获得互联网出版资质，先后成立了国家"出版融合发展重点实验室""新闻出版业科技与标准重点实验室"，获评"数字出版转型示范单位"和"数字出版先进单位"。

4.6.1 D 出版社 ISO9001 质量管理体系的实施

早在 2000 年，D 出版社就启动了引入国际标准的 ISO9001 管理工程。为顺利取得认证证书，他们做了一系列基础性工作，专门成立了由图书编辑部、图文制作部、印务部、发行部，以及电子出版物部 10 位部门负责人组成的 ISO9001（非专门）工作小组，任命了一位较熟悉编、印、发业务，又了解 PMIS 计算机信息管理系统的副总编为管理者代表负责日常工作；培养了 17 名内审员。正是有了这样一支过硬的骨干队伍，带动了全社质量意识的提高，为达标 ISO9001 所需要的管理规范、管理制度、管理文件要求，创造了条件。

D 出版社的 ISO9001 质量管理体系是 2002 年 7 月 1 日起正式实施的。2003 年 8 月，该社完成了由 ISO9001：1994 版向 ISO9001：2000 版的转换版本工作，2004 年年初通过了认证。

D 出版社的 ISO9001 质量管理体系覆盖了与图书、电子出版物的编辑出版和发行有关的 20 个部门，主要包括以下几项内容：

(1)确定并实施了质量方针，即"内在质量出精品，编校质量达标准，印装质量创一流，诚信服务是根本"；质量目标是"向读者提供技术先进、内容实用、质量一流的出版物"；同时还确定并实施了相应的质量承诺。

(2)编制并执行质量保障的纲领性文件《质量保证手册》。

(3)编制并执行质量保障的准则性程序文件共 30 个。

(4)贯彻执行与图书和电子出版物有关的国家法律法规和行业标准共 74 个。

(5)编制并执行社内有关质量管理的文件和作业指导书共 24 个。

(6)编制并执行各种质量记录表式共 178 种。

4.6.2 D 出版社 ISO9001 质量管理体系的特点

1. 结合国际质量管理标准与国家法规的优势

将国际上适用性较高的质量管理标准与我国关于出版物质量管理的法规进行有机结合，是一种创新的管理策略。这种结合不仅确保了组织遵循国际上公认的最佳实践，还确保了与国家法规的完全符合。国际标准的科学性为组织的质量管理提供了一个坚实的基础，帮助组织确立了明确、可衡量的质量目标。而国家法规的原则性则确保了组织的操作在法律框架内，避免了可能的法律风险。这种结合既具有前瞻性，又具有实际的可操作性。

2. 针对 D 出版社的实际需求进行优化

在制定质量管理策略时，特别考虑了 D 出版社的实际情况。每个出版社都有其独特的出版发行规模以及特定的市场和读者群体。因此，在制定质量管理策略和流程时不仅要求是理论上的最佳实践，而且是符合 D 出版社实际需求的。这种针对性的策略设计保证了该出版单位的质量管理体系具有高度的有效性。无论是日常的出版流程，还是面对突发的市场变化，质量管理体系都能够迅速、准确地作出响应。

3. 过程管理见实效

该体系不仅明确了质量方针，更重要的是它对过程管理的高度重视。在出版的每一个环节，从选题的初步构思，到稿件的撰写，再到编校、印装和最终的发行，每一个步骤都被精心设计和管理，确保每一部分都达到了最高的质量标准。

特别是在选题质量上，体系确保了只有最有价值、最有深度的主题被选中。在稿件质量方面，它确保了内容的准确性、完整性和原创性。编校环节则关注于文本的准确性和易读性，而印装（复制）质量则确保了物理书的质量和耐用性。发行服务质量关注于如何将书籍有效、及时地送达到读者手中。

为了进一步确保质量，该体系还采纳了新闻出版总署《图书质量保障体系》的多项规定，如"三审制""三校一读""样书检查制度""成品书评审制度"和"读者信息反馈制度"。这些规定不仅为出版流程提供了明确的指导，还确保了每一本书都经过了严格的质量控制。

此外，该体系还明确了各岗位的质量职责，使每一个员工都明白自己的角色和责任。这种明确性不仅提高了工作效率，还极大地增强了全体员工的质量责任感。员工们深知，他们的每一项工作都直接影响到最终产品的质量，因此他们更加努力、更加专注于自己的工作。

4. 技术与管理的完美融合

当今时代，技术与管理的结合已经成为提高效率和质量的关键。D 出版社充分认识到这一点，并采取了一系列创新措施，将现代科技与质量管理相结合。通过引入 PMIS 计算机管理信息系统，实现了质量管理的数字化。这个系统不仅提供了一个集中的平台，用于存储、检索和分析所有与质量管理相关的数据，还为各个部门提供了实时的反馈和报告，帮助他们更好地监控和改进自己的工作流程。PMIS 系统的真正价值在于，为 D 出版社提供了一个严谨、规范的框架，确保每一步都是基于数据和事实的。

D 出版社还将建立质量管理体系与完善 PMIS 系统相结合。这意味着，每当质量管理体系有所更新或改进，PMIS 系统都会相应地进行调整，确保两者始终保持同步。这种紧密的结合不仅提高了工作效率，还确保了质量管理的持续性和稳定性。

5. 数字化驱动的质量管理

在当今的出版领域，数字化已经深入各个环节，为传统的工作流程带来了革命性的变革。D 出版社正是这种变革的先锋，它通过引入 PMIS 计算机管理信息系统，将质量管理提升到了一个全新的水平。

每一本新书，从其初稿的审定、编者的评审，到样书的质检和最终的成品评估，都伴随着一系列详尽的数据记录。这些数据不只是关于文本内容的，还涉及书籍的外观品质，如印刷精度、装订质量等，甚至包括发行的反馈。这些宝贵的数据资源被整合进 PMIS 系统。这个先进的系统不仅为数据提供了一个安全、稳定的存储环境，还能进行深入的数据分析。利用 PMIS 系统的强大功能，D 出版社可以迅速地获取关于书籍质量的实时反馈，从而做出针对性的调整。

PMIS 系统不仅为 D 出版社提供了一个动态的质量监控平台，而且随着时间的推移，这些积累的数据还为 D 出版社提供了宝贵的历史参考，帮助其不断完善和调整质量管理策略。

6. 质量管理体系的灵活性与效率

在当今的出版环境中，随着技术的进步和市场需求的变化，质量管理的要求也在不断地演变。为了应对这种变化，D出版社引入了一种具有控制力度可调机制的质量管理体系，确保其出版物，无论是传统图书还是电子出版物，都能够满足最新的质量标准。

这种机制的核心在于其灵活性。与传统的、固定的质量管理体系不同，D出版社的体系允许管理者根据年度质量目标的变化，对具体的质量指标进行调整。这意味着，如果市场对某一类型的出版物的需求增加，或者新的技术为提高某一方面的质量提供了可能，D出版社可以迅速地调整其质量管理策略，确保其出版物始终处于行业的前沿。

这种动态的机制还为D出版社提供了更高的效率。因为它可以确保资源始终被集中在最关键的质量指标上，避免了在不再重要的领域上的浪费。这不仅提高了出版物的整体质量，还为D出版社带来了更高的经济效益。

4.6.3　D出版社实施ISO9001质量管理体系成效

D出版社一直有专门的质量管理机构，有专人研究质量管理工作，按照行业的规矩进行管理。在这种传统的质量管理方式下，虽然出版社每个人都知道质量很重要，但是在落实的过程中显得不够制度化，且暴露了许多问题。这些问题促使D出版社引进国际上关于质量管理先进的办法。引入ISO9001质量管理体系对D出版社发展具有重大意义，主要表现在以下几点。

第一，建立符合ISO9001标准的质量管理体系，最重要的一点就是引导全体员工树立国际上先进的管理理念，并结合出版社工作的实际，制定提高产品质量和管理水平的有效方法，同时通过内审和管理评审建立了自我约束、自我完善机制。D出版社实施质量管理体系以来，图书质量取得明显进步。运行1994年版以后，该社的图书编校质量提高了5个百分点。按照2000年版改进工作后，该社的图书编校质量达标率和印装质量优良率又提高了3个百分点，达到95%以上，图书的加工质量显著提高成本降低。

第二，ISO9001标准十分强调制度化管理、程序化管理和文件化管理，质量体系程序文件是产品所有质量活动的准则和依据。因此，通过贯彻和推行ISO9001，可以使出版社科学地建立起生产业务流程，有效地抓住图书从策划到营销的每一个重要环节，使整个生产过程都有章可循、有据可查，在规范的受控状态中进行，从而有力地推动现代企业管理制度的建立。建立质量管理体系主要包括以下几项内容：确定并实施了质量方针、质量目标和相应的质量承诺；编制并执行质量保障的纲领性文件《质量手册》；编制并执行质量保障的准则性程序文件；贯彻执行与图书和电子出版物有关的国家法律法规和行业标准；编制并执行社内有关质量管理的文件和作业指导书；编制并执行各种质量记录方式。

第三，由于 ISO9001 质量管理体系强调过程控制和目标分解，同时注重重要岗位人员的资格与培训，这强化了员工的质量意识、服务意识，有效地提高了员工的整体素质。这非常有利于企业练好内功，有利于提高企业的核心竞争力。至今，共有 5 名员工参加过外审员的培训，20 余人参加过内审员培训，这保证各个部门都有内行人员，起到协助沟通、监督、执行的作用。在实施过程中，电子社抓住选题质量、稿件质量、编校质量、印装质量、发行服务质量等重要环节，明确各岗位的质量职责，极大地提高了全体员工的质量意识。建立质量管理体系之后，由于流程上出现的质量问题得到控制。随着出版界人员流动的加快，由于相关责任人对流程的不熟悉，或者是业务节奏加快造成的质量问题比较明显。而这个体系是从头到尾对质量管理工作进行比较细致的规划，每个人在这个岗位上该有哪些文件，规定了哪些内容，该有哪些程序，都需要记在脑子里。体系中关于文件的控制是很严格的。这种管理，每个步骤都是白纸黑字清清楚楚的，对编、印、发各部门之间协调有好处，使接口工作更加规范，提高效率，避免扯皮。

据介绍，该社的 ISO9001 质量管理体系覆盖了与图书、电子出版物的编辑出版和发行相关的所有部门对比建立质量管理体系前后的出版物质量管理工作，质量管理体系给出版社带来了很多新的管理方法和规范的工作流程。

4.6.4　D 出版社建立质量管理体系的经验总结

1. 领导决策

在 D 出版社实施 ISO9001 标准的过程中，领导层的决策显得尤为重要。基于对出版业内部长期存在的生产和经营模式的深度分析，结合对 ISO9000 国际标准的细致研究，社领导层提出了一系列具有前瞻性的战略决策。

他们对出版业的传统模式进行了批判性的反思，识别了其中存在的短板和不足。在此基础上，他们进一步研究了 ISO9000 国际标准，试图找到一个既能满足国际标准又能适应出版社实际情况的解决方案。这一过程中，战略定位的明确成为推进整个项目的关键。

然而，实施过程中的种种困难和挑战是不可避免的。特别是在面对部分员工对新标准的误解和阻力时，社领导层展现了坚定不移的决策力。他们不仅为项目提供了充足的资源支持，还强化了监督机制，确保每一个环节都能够严格按照预定的标准进行。

D 出版社向学术界提供了一个成功实施国际标准的典型案例，值得进一步研究和探讨。

2. 全员参与

D 出版社在引入 ISO9001 质量体系的过程中，采取了一系列策略性的动员措施，确保每一位员工都能够理解、接受并积极参与这一变革过程。

2000 年 5 月底，当决策层决定引入该标准时，没有简单地下达命令，而是选择了更为民主、开放的方式。首先，召开了全社员工大会，这不仅是为了通报决策，更重要的是为了听取员工的意见和建议。其次，在大会上邀请了中国电子质量管理协会咨询服务工作部的专家，对 ISO9001 进行了详细的宣讲，使全体员工都能够对这一标准形成清晰、准确的认识。再次，为了进一步加深员工的理解，D 出版社还多次组织中层及以上的管理干部进行深入的学习和培训。这些培训不仅仅是对 ISO9001 的内容进行讲解，更重要的是引导干部提高自己的认识，明确自己在这一变革中的角色和责任。最后，为了持续激发员工的积极性，D 出版社还适时地开展了"质量月"活动，通过一系列的活动和竞赛，使质量管理的理念深入人心。同时，建立了质量月报和质量通报制度，定期向员工报告质量管理的进展和成果，从而进一步加强了员工的质量意识。

3. 骨干力量

在贯彻 ISO9001 标准的质量管理体系中，人才始终是最为关键的因素。为此，D 出版社特意培训了一批有责任心的骨干人员，他们不仅具备专业知识，还有强烈的责任感和团队合作精神。这些骨干人员是出版社贯标工作的中坚力量，在每一个环节都发挥着不可或缺的作用。

　　除此之外，为了保证质量管理体系的有效实施和持续改进，D 出版社还特地建立了一支得力的内审员队伍。这些内审员经过严格的培训和筛选，他们不仅熟悉质量管理的各项要求，还具备敏锐的洞察力和判断力，能够及时发现并纠正潜在的问题。

　　这批骨干人员和内审员在认证工作中起到了至关重要的作用。他们不仅是执行者，更是推动者，确保 D 出版社在贯彻 ISO9001 标准的过程中始终保持高标准、高效率。他们的存在，确实为 D 出版社成功贯标提供了有力的保障。

4. 持续改进

　　内审工作不仅是一种程序性的要求，更是保证质量管理体系持续有效运行的有效。D 出版社对此给予了高度的重视。为了确保每一个环节、每一个过程都能达到预期的标准，出版社采取了全面、深入的内审策略。每次内审后，不仅仅是发现问题并提出修改意见，更重要的是形成一个闭环的改进机制。这意味着，一旦发现问题，不只是简单地标记和记录，而是要深入到每一个具体的原因，分析背后可能的根源，并制定出针对性的纠正措施。这样的做法确保了问题不会被简单地掩盖或忽略，而是真正地得到解决。

　　而负责审核的内审员在这一过程中起到了桥梁的作用。他们不仅要保证纠正措施得以实施，还要对其效果进行跟踪评估，直到确保所有的操作都符合质量体系的要求。这样的机制使得 D 出版社的质量管理体系始终保持在一个高效、有序的状态。

　　通过定期的管理评审，D 出版社进一步强化了自我约束和自我完善的机制。这不仅有利于质量管理体系的持续稳定运行，还使其能够随着外部环境和内部需求的变化而进行适时的调整和完善。这种与时俱进、持续创新的精神，正是 D 出版社质量管理体系能够永远充满活力的核心所在。

4.6.5　实施 ISO9000 质量管理体系有待解决的深层次问题

　　在 ISO9000 质量管理体系的建立与运行过程中，可能会出现将原有的质量管理和 ISO 质量管理相分离的现象。这种现象表明 D 出版社员工对 ISO9000 质量标准的本质了解不深，ISO9000质量管理体系的组织实施者必须采取相应的措施（如开会、培训等）加以纠正，从而使两者有机地结合起来。

建立ISO9000质量管理体系本身就是进行质量管理，是将原有的具有行业特色的质量管理的精华部分加以吸收，并补充有效的合理的管理办法或经验，使原有的质量管理体系过渡到ISO9000质量管理体系。也就是说，从体系文件试运行的那刻起，原有体系已经转化。工作的主要依据就是ISO9000质量管理体系。

从目前D出版社的工作来看，推行ISO9000质量管理体系好似用一个系统的网来拉动企业所有的工作细节。但是如何将两者紧密贴附在一起，却是一个问题。这一体系对狭义上的图书质量管理问题有比较好的解决办法，但是对于出版产品的特殊性带来的一些管理上的难题，比如选题的论证、营销的效果、社会效益和经济效益的平衡等，还需要出版社进一步探索适合行业本身的管理方法。

此外，版社本身的管理水平也给新的体系推行造成了一定的障碍ISO9000质量管理体系从实施到完善需要一段相当长的时间。这一质量管理体系在出版企业的运用还存在以下深层次的问题。

第一，ISO9000族标准体系在出版业中应用的局限性。

我们必须认识到，ISO9000族标准体系主要是为制造业和服务业设计的，它的核心是确保流程的一致性和可预测性。然而，出版业的核心是内容，这是一个涉及创意、知识和文化的领域。因此，当我们试图将ISO9000族标准体系应用于出版业时，会遇到一些固有的挑战。

出版业的产品，特别是图书，不仅仅是物质的载体，更重要的是其所承载的信息、知识和文化价值。这意味着，与制造业的产品相比，图书的质量评价更为复杂。制造业的产品可以通过物理和化学测试来确定其质量，而图书的质量则涉及内容的准确性、完整性、可读性和文化价值等多个维度。

尽管ISO9000标准在出版流程的质量控制方面起到了积极的作用，例如确保稿件的及时审查、印刷的质量控制等，但它在内容质量控制方面的指导作用是有限的。这是因为内容质量的评价往往涉及主观因素，而ISO9000族标准体系更多地关注的是流程的客观和可测量的方面。

此外，ISO9000族标准体系强调的"以顾客为关注焦点"原则，虽然有助于提高顾客满意度，但也可能导致出版社过于迎合市场，牺牲内容的深度和独创性。为了追求经济效益，出版社可能会选择出版那些受众广泛、销售量大的图书，而忽视那些具有深度、独创性但受众较小的作品。这种短视的策略可能会损害出版社的长远利益和社会责任。

因此，出版社在实施 ISO9000 族标准体系时，不仅要关注流程的质量控制，还要确保内容的质量。这需要出版社结合出版业的特点建立一套更为完善、针对内容质量控制的体系。

第二，ISO9001 质量管理体系实施过程中的"两张皮"现象。

许多企业在实施 ISO9001 质量管理体系时，常常出现"两张皮"现象，这一现象意味着企业的原有质量管理体系与新引入的 ISO 质量管理体系之间存在明显的区隔。这种区隔可能源于多种原因。

首先，部分企业可能没有按照 ISO9001 标准的具体要求来建立和运行质量管理体系。这可能是因为他们对标准的理解不足或者在实施过程中出现了偏差。当企业没有根据自己的实际情况来定制和优化质量管理体系时，就可能出现与原有管理体系的不匹配。

其次，一些企业在实施 ISO 质量管理体系时，其目的并不明确。他们可能是为了追求某种外部的认证或者满足某种行业的要求，而不是真正为了提高产品和服务的质量。这种情况下，新的质量管理体系往往只是形式上的存在，而没有真正融入企业的日常运营中。

再者，还有一些企业可能单纯地为了获得 ISO9000 认证而实施质量管理体系。这种情况下，企业可能会过于注重表面的形式，而忽视了质量管理的实质内容。这种"为了认证而认证"的做法，往往会导致质量管理体系的实际效果大打折扣。

最后，ISO9000 标准虽然为企业提供了一个质量管理的框架，但它并没有规定具体的操作方法。这意味着企业在实施过程中需要根据自己的实际情况来制定具体的操作流程和方法。如果企业盲目地模仿其他企业的做法或者机械地复制标准的条款，那么他们的质量管理体系可能会失去其应有的灵活性和针对性。

第五章
出版企业质量计划

质量计划是朱兰质量管理三部曲中的首要环节在朱兰的质量管理三部曲中起到了关键的角色，它为组织提供了明确的质量方向，并为后续的质量活动提供了坚实的基础。现代结构化的质量计划适用于设计满足顾客需要的产品特征以及产出这些特征的过程的方法论。质量计划指的是组织中产品或服务的开发过程。①

5.1 出版企业质量计划的意义

新产品开发过程是组织中最重要的业务过程，它是未来的销售绩效和竞争力的生命线。质量计划是开发满足顾客需要的新产品，包括有形产品和服务和过程的一个系统性过程。质量计划和创新是朱兰质量管理三部曲的三个普遍过程之一，为了获得新的产品服务及过程的突破，这一过程是必不可少的。② 有效的计划过程必须有一套稳健的方法和结构，用于创造新产品(有形产品、服务和信息)，并确保在产品投入市场之前开发出包括过程控制的关键的运营过程。

组织令顾客满意的能力取决于其计划过程的稳定性，因为组织所销售的商品提供了服务均源于此。计划过程是朱兰质量管理三部曲三要素中的第一要素，也是管理者确保组织生存的三个职能之一。通过计划产品(有形产品、服务或信息)以及产出最终结果都过程(包括控制手段在内)，计划过程使创新得以实现。由于顾客的需要和技术在不断变化，计划完成后，另外两个因素即控制、改进，会进入角色对计划进行持续改进。

现在按照企业经营管理过程来组织的，出版行业也不例外。编辑出版工作的一个重要特征就是有完整的工作流程。ISO9000：2000 将过程定义为一组将输入转化为输出的相关活动或相互作用，可以分为规划计划、制作、流通、使用、服

① 约瑟夫·M. 朱兰，约瑟夫·A. 德费欧. 朱兰质量手册：通向卓越绩效的全面指南：第 6 版[M]. 卓越国际质量科学研究院，等，译. 北京：中国人民大学出版社，2013：90.
② 约瑟夫·M. 朱兰，约瑟夫·A. 德费欧. 朱兰质量手册：通向卓越绩效的全面指南：第 6 版[M]. 卓越国际质量科学研究院，等，译. 北京：中国人民大学出版社，2013：88-89.

务等环节或分过程。从流程的角度考虑，质量与过程密切相关，过程质量决定了产品质量。

出版企业在制定质量计划时，实际上是在构建其产品的生产和发布的全过程的质量保障框架。出版企业制定质量计划的意义和作用可以从以下几个方面理解：第一，确立质量标准。质量计划为出版物的内容、形式、编校、印制等各个方面设定明确的标准，确保读者获得的是一个高质量的产品。第二，满足读者和市场需求。通过质量计划，出版企业可以更好地理解并满足其目标受众的期望和需求，从而确保出版物的市场接受度和销售。第三，系统化的质量管理。质量计划为出版流程提供了一个全面和结构化的方法，确保从内容创作到最终印刷和发行的每一步都符合既定的质量标准。第四，预防和降低风险。在出版过程中，可能会出现的风险不仅会导致经济损失，还可能损害企业的声誉。质量计划通过预先设定的校验和审查机制，有助于识别和规避选题、组稿、审稿、编辑加工等各环节的风险，降低它们发生的可能性。第五，增强跨部门协作。出版过程通常涉及多个部门，如编辑、设计、印刷和营销。质量计划促进这些部门之间的沟通和协作，确保整体的质量目标得到实现。第六，为持续改进提供基础。出版企业的质量计划为质量改进提供了数据和反馈的基础，这使得企业能够不断优化其出版流程，适应市场和技术的变化。第七，增强市场竞争力。一个系统的质量计划可以使出版企业在市场上脱颖而出，为读者提供更高质量的出版产品，从而助力其占有更高的市场份额和树立品牌形象。

5.2 朱兰质量计划模型在出版企业的运用

值得注意的是，质量计划者担负着双重责任，既要提供具备能够满足顾客需要的产品，又要提供满足运营需要的过程。过去认为产品计划只是营销、销售和产品研发人员的职责，但是在质量计划的视角下规划者应理解产品计划的双重责任，那就是，既需要满足顾客需求，又必须满足运营的要求。

在图书出版活动中，选题一旦制定出来，并决定采用，出版组织就会围绕这个选题建立出版流程，调配各种资源，有些重大选题还要调整或建立组织机构。

因此，任何一个选题的策划、计划、论证和实施过程，必然同时伴随着质量管理过程。我们在探讨选题质量管理之前，必须首先辨析选题及相关概念，并站在质量管理的角度对其进行必要的规范。

5.2.1 质量计划中的问题

组织无法生产促使顾客满意的产品和服务，这种不满意表现为质量差距。质量差距由理解差距、设计差距、过程差距、运营差距、感知差距这 5 种构成。如图 5-1 所示。

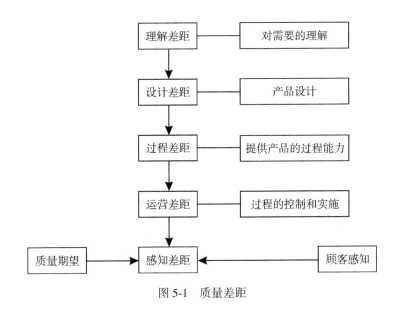

图 5-1　质量差距

质量差距的第一类是理解差距，也就是说对顾客的需要缺乏理解。有时出现这种情况，只是由于生产者根本就没考虑顾客是谁，以及他们需要什么。质量差距的第二类是设计差距，即使完全了解了顾客的需要和感知，很多组织还是不能够计划出完全符合顾客需要的产品和服务。其部分原因在于，那些经过训练用以了解顾客需要的人员，在制度化的安排上常常与实际从事质量计划的人隔离开来。第三类差距是过程差距，许多优秀的质量计划，由于创造有形产品或提供服务的过程，不能够始终与计划相符合，都以失败告终。保证过程能按计划生产出符合顾客需要的产品和服务，是所有差距中最持久、最难以解决的问题。第四类差距是运营差距。用来运营和控制过程的各种手段在最终产品或服务提供中会产生进一步的不良影响。而第五类差距感知差距是组织所提供的产品和服务与顾客的感知存在一定的距离，这是由于组织未能理解顾客对质量的期望和顾客的需要而造成的。

在出版业，以上五种质量差距可以解读为：

第一，理解差距。出版业的主要产品是图书、期刊、报纸、在线知识服务等，其核心在于传达信息和知识。如果出版组织未能准确把握目标读者的需求，可能会出现内容不符合期待问题。例如，学术书籍可能过于晦涩难懂，而儿童读物可能过于简化。这是因为出版者没有深入了解和分析他们的目标受众。

第二，设计差距。就算出版组织清楚地知道读者想要什么，但在选题环节对产品和服务进行设计时，可能会出现与初衷不符的问题。这可能是因为策划人员和编辑部门之间的沟通不畅，或者由于营销策略和利益驱动，导致最终的出版产品和服务可能偏离最初的计划。

第三，过程差距。即使有了优质的计划和内容，出版过程中的多个环节，如审稿、编辑加工、校对、印制、发行等，可能无法保证提供让顾客满意的产品和服务。例如，高质量的内容可能因为印刷问题导致图片模糊，或者由于库存管理不善导致图书不能及时供货。

第四，运营差距。即使出版组织提供了优秀的出版产品和服务，但如果在市场定位、推广策略或销售渠道选择上存在问题，都可能导致产品和服务的销量不佳。

第五，感知差距。读者对于某种出版产品和服务的质量有自己的期望。如果实际的产品没有达到这些期望，就会造成感知上的质量差距。例如，一本书的内容可能很有深度，但如果封面设计不吸引人或者材质过于简单，可能就会影响读者的整体感受。

为了解决上述质量差距的问题，出版企业需要有一个系统化的质量计划。质量计划为消灭各种类型的质量差距并确保最终的质量总差距最小提供了过程、方法、工具和技术。出版企业通过质量计划来确保各种类型的质量差距被消除，并确保最终的质量总差距最小。图5-2是朱兰质量计划模型的基本步骤。

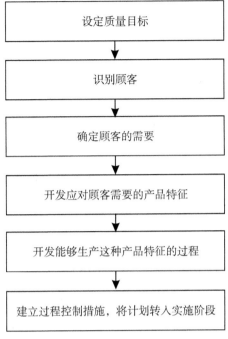

图 5-2　朱兰质量计划模型①

5.2.2　朱兰质量计划的基本步骤

1. 设定质量目标

一个质量计划项目是组织为了能够提供一种新的或改进的产品、服务或过程而进行的有组织的工作。确立一个质量计划项目涉及以下一些步骤或活动。

（1）项目的识别

识别需要哪些项目来实现组织的销售或创收战略。当出版企业制定了明确的战略规划和经营计划时，决定实施哪些项目通常是组织的战略计划活动和经营计

---

①　约瑟夫·M. 朱兰，约瑟夫·A. 德费欧. 朱兰质量手册：通向卓越绩效的全面指南：第 6 版［M］. 卓越国际质量科学研究院，等，译. 北京：中国人民大学出版社，2013：94-96.

划活动的结果。

如何识别项目

一般来说，质量计划项目创造全新或更新的产品，旨在实现特定的战略目标，迎合新的或变化了的顾客需要，满足法律或顾客的要求，或利用新的或正在形成的技术。组织战略计划的拟定与展开是将以顾客为中心的全组织范围内的质量、经营活动与组织的战略计划方案整合在一起的一种系统化方法。战略计划活动是一个系统化的过程，组织借助这一过程来确立质量和顾客方面的长期目标，并将这些目标与财务人力资源、市场营销以及研发方面的目标一道整合在一个综合的经营计划中。出版企业应评估当前市场上缺乏或需要更新的内容，如特定领域的最新学术研究、流行文化内容或是对现有经典文献的新译本等。

最高管理层的作用

最高管理层必须在识别及支持关键的质量计划项目方面起到领导作用。管理者需要承担的主要工作内容有：第一步，要识别当前未被满足的市场机会和客户需要，启动了创造新的产品、服务和过程，确立质量计划的目标。第二步，挑选出对于实现战略业务和顾客目标至关重要的质量计划项目。第三步，一旦确定了项目，就任命一支团队负责完成质量计划过程的剩余的步骤。第四步，给予保证质量计划团队充分的支持，包括提供有关的教育和培训和必要的基础设施，帮助解决各种问题等等。

（2）编写目标陈述书

一旦出版组织明确了某个项目的必要性，就应当准备一份体现该项目特定目标的目标陈述书。目标陈述书是给项目团队的书面指令，描述了该项目的意图或目的，如选题的主题、目标读者、预期销售额、与现有竞品的差异化，以及期望的市场反馈等。编写目标陈述书时必须对梳理清楚实施这一项目的原因，实施该项目会取得什么成果，比如是否可以推出一种比市场同类产品更便宜的产品，最终产品对于竞品的表现如何，顾客如何评价该产品，等等。

设定目标的基础

在设定目标时，一个重要的考虑就是现有的基础，包括四个方面的内容：第一，技术基础。质量目标的实现建立在一定的技术条件之上。在出版业中，可能涉及新技术的运用。第二，市场基础，质量目标影响产品销售能力，应该建立在符合或超过市场质量水准之上。出版企业需要评估当前市场的需求，尤其是在某些特定领域，如学术出版、少儿出版等。第三，标杆分析基础。质量目标的设定要求新产品的可靠性至少要等于它将要代替的旧产品的可靠性，并且至少要等于可质量最高的竞品可靠性。出版企业可以通过对比其他出版企业的畅销书籍或经典作品来设定自己的质量目标。第四，历史水准基础，质量目标必须根据过去的绩效来设定。对于某些产品和过程来说，历史基础有助于取得某些所需的稳定性。然而，值得注意的是，在某些不良成本长期居高不下时，历史基础会使得慢性浪费得以维持，所以管理层应当对此类误用历史基础的情况加以甄别保持警惕。出版企业可以参考过去出版物的成功与失败，作为设定质量目标的参照。

项目目标的构成

项目的具体目标，即团队要做些什么，这是一个有效的目标陈述书的构成部分。为了使事情得以成功，编写目标陈述书时要从终点开始思考。对于最终结果都考虑越仔细，越会获得一个成功的结局。目标可以从以下四个方面衡量：质量，数量，成本，时间、速度、灵活性。有效的质量计划项目目标必须是具体的，可衡量的，有关各方达成共识的，切实可行的，有明确的完成时间。

出版企业在设定项目目标时应明确：质量，如书籍的内容质量、编校质量、印刷质量等。数量，如首次印刷的数量、预期销售量等。成本，出版、印刷、营销和分销的成本。时间、速度、灵活性，如从作者完成初稿到出版物上市的时间、对市场变化的响应速度等。

成立实施该项目的团队

建立跨职能团队对于质量计划是至关重要的。第一，团队协作能够推动知识和经验的交流，使得每位成员都感受到他们是组织不可或缺的一部分，共同为实现组织的目标而努力。第二，团队成员的背景和专业多样性可以为即将执行的产品和流程提供更全面的知识体系。第三，跨职能团队有助于更高效地促成全员之间的共识。

在选择和组建团队时，需要从以下几个方面进行考虑：首先，要关注对项目结果产生最大影响的因素；其次，要深入了解项目执行过程中涉及的各个环节和部门以及相关的职能机构；再次，需要识别那些在项目计划中具备独特知识、信息或技能的人员；最后，确定在执行计划时能够为团队提供关键支持的资源或个体。

出版企业需要组建一个包括编辑、设计师、营销人员和分销团队的跨职能团队。团队的多样性能确保从内容创作到分销的整个过程都能达到最高质量标准。

2. 识别顾客

一般来讲，有两类基本的顾客群：外部顾客和内部顾客。外部顾客，指那些在生产组织之外的顾客；内部顾客，指那些在生产组织之内的顾客。①

外部顾客包括以下几种类型：（1）购买者：那些为自己或他人采购产品的人群。在出版业中直接购买出版产品的人，可能是个人消费者或为学校、图书馆、企业等组织。（2）终端用户：真正使用并从产品中受益的消费者。出版物的读者，他们可能不是直接购买者，但最终从产品受益。例如，学生可能是教科书的最终使用者，但教育机构或家长可能是购买者。（3）商家：购入产品以进行再销售的角色，如批发商、分销商或代理商。书店、在线零售商或其他分销商，他们从出版企业购买图书，然后再次销售给公众。（4）加工者：将某产品或服务作为原料，进而生产自己的商品或服务的实体，如图书租赁公司购置图书后，再为顾客提供租赁服务。（5）供应商：为生产过程供应原材料或服务的组织或个体。（6）潜在客户：尽管目前并未使用该产品，但在未来有可能成为实际购买者的个人或组织。（7）隐形客户：这些是可能对产品规划造成重大影响，但容易被遗漏的群体，如媒体、意见领袖、书评人、行业组织等。

内部顾客是指组织内部的各个部门或个人，他们依赖于其他部门或个人提供的产品、服务或信息以完成自己的工作。这种提供和接收的关系形成了一个"供应链"，确保组织的各个部分之间有序、高效地运作。例如，在出版企业内部，编辑部门负责筛选、审定和编辑稿件。一旦稿件经过三审可以发稿，可能会转到设计部门进行版式设计。在这里，设计部门是编辑部门的内部顾客。以上只是出版企业内部顾客关系的简化描述。在实际运营中，这些关系可能更为复杂。最关键的是，每个部门都应明确其在整个出版流程中的角色，理解他们是如何服务于其他部门的，以及如何从其他部门获得所需的资源或支持。这样，整个组织才能更加高效地运作，确保出版物的质量。

---

① 约瑟夫·M. 朱兰，约瑟夫·A. 德费欧. 朱兰质量手册：通向卓越绩效的全面指南：第 6 版［M］. 卓越国际质量科学研究院，等，译. 北京：中国人民大学出版社，2013：102.

3. 确认顾客的需要

从顾客所表达的或以为的所有需要中识别出最重要的需要，这是对质量计划最大的挑战。在出版企业中，确认顾客的需要尤为关键，因为它直接影响到内容的质量、市场营销策略以及产品的整体成功。

如何揭示顾客需要

顾客总是从自己的视角运用自己的语言来表述自己的需要。如果不能准确地把握表述的需要，就会使计划出的产品与顾客需要之间的匹配度大打折扣。揭示顾客的需要意味着要提问并回答如下问题：

顾客为什么会购买这个产品？

顾客希望从这个产品中获得什么服务？

顾客如何从中得益？

顾客如何使用该产品？过去是什么使顾客产生抱怨？顾客为什么选择竞争对手的产品而不选择我们？

出版物的受众通常有特定的期望和需求。例如，一个学术读者可能对于专业图书有深入研究的需求，而休闲读者可能更偏向于寻找轻松的阅读。出版企业需要确定，读者真正希望从特定出版物中获得什么。

对顾客需要进行分析并排出优先次序

实际从顾客那里收集到的信息往往范围太大、含糊不清、数量太多，不能直接用来进行质量计划，于是组织要对顾客需要排出优先次序。下列活动有助于聚焦顾客需要和提高质量计划精确性：

对内、外顾客的需要清单加以整理、综合并排出优先次序；

确定内、外顾客每一个需要的重要性；

把每一个需要分解成精确到术语以便识别出相对应的计划要素；

将这些需要翻译成提供产品的组织的术语；

为每一个需要确定特定的测量指标和测量方法。

在质量计划的过程中，所有产品开发都必须在一定的预算内进行，对顾客及其需要排出优先次序，以确保预算用在最重要的方面。对于出版企业来说，预算管理至关重要。根据顾客需求的优先级，企业可以决定在哪些方面投入更多资源，如印刷质量、市场推广、作者邀约等。在出版领域，这意味着从读者需求中洞察出具体的编辑方向、图书设计、营销策略等。例如，如果分析发现读者更喜欢有插图的科普书，那么出版企业可能需要考虑增加插图设计的预算。

顾客需求与质量目标的转换

所确认的顾客需要必须经过系统地转换，从顾客的语言变成质量目标体系内的"行话"。标准化在许多成熟的产业中得到了广泛的应用。顾客和组织双方都从中受益。在出版业中，将顾客需要转化为质量目标意味着将顾客的期望转化为具体的出版标准和目标。例如，如果读者要求更高的印刷质量，那么这可以转化为具体的印刷技术和材料选择标准。

4. 开发应对顾客需要的产品特征

当组织对顾客及其需要有了深入的了解后，就可以策划出能够最好地满足这些需求的产品或服务。虽然传统上图书的策划主要由编辑负责，但在追求卓越质量的大背景下，任何具备相关经验、独特职责或专业技能，并能为整个质量计划过程带来价值的人都应被视为策划者。在开发产品这个环节中，我们有两大核心目标：第一，识别哪些产品特性和目标能最大化地为顾客创造价值；第二，明确为了达到完美的计划成果需要采取哪些措施。

将相关联的顾客需要加以分组

质量计划通常要应对众多的顾客需求。在基于前期步骤收集到的顾客需求后，我们可以对具有相似性质的需求进行分类和排序，确定其优先级。这样确保在产品开发中的有限资源可以集中于对顾客最具价值的项目，从而实现有效的资源利用。

确定识别特征的方法

为确定最能满足顾客需求的产品计划，存在许多方法，这些方法各有所长，互相之间可以取长补短。尽管大部分项目在规划时并不会使用所有方法，但在开始计划之前，对预计使用的方法进行系统性的整合和规划是很有帮助的。以下列举几种常见的方法：

标杆分析。此方法旨在识别行业的领军者以及使其成为行业领头羊的策略和做法。标杆研究是一个持续的、系统的过程，用于评估一个组织的某些特定活动、流程或性能结果，与行业内其他组织的最佳实践进行比较，找出与最佳实践之间存在的差距，从而识别出可能都改进领域。标杆研究不仅仅是一个对比过程，它也是一个学习过程，可以从其他组织那里获取新的思想和方法。标杆研究也为组织提供了持续改进的动力，因为市场和技术环境不断变化，新的最佳实践也在不断地涌现。

基础研究。是指对特定产品或服务相关的技术、市场、用户需求、行业标准等方面进行深入探究的过程。其目的是确保在制定产品的质量目标和特性时，有充足的知识和数据支持。基础研究一般有两个方向，其中一个方向关注产品创新，尤其是市场上尚未存在或竞争对手未涉及的创新点；而另一个方向则聚焦于探讨产品及其特性的实施可行性。

市场实验。此方法用于在真实或受控的市场环境中测试新的产品、服务、策略或其他商业变量，以获取实际的消费者反馈和绩效数据。它可以帮助组织在投入大量资源进行全面推广之前验证假设，评估潜在的市场反应，并进一步优化产品或服务的特点。

开发详细的特征和目标

对于规模庞大且极度复杂的产品，进行细致的计划往往需要将其细分为若干组件甚至子组件。为保证整体计划在满足顾客需求时保持连贯、协调和高效，对于这些规模大且分散的项目，以下步骤至关重要：各组件通常配备独立的计划团队；一个领导小组或核心团队承担总体指导和整合工作；为每个组件设置明确的量化目标；定期对所有组件的进度进行综合评估；在产品计划阶段结束之前，确保计划内容完整地融合。

在初步定义出产品的特性和相关目标后，计划人员需进一步细化并形成详细的规范。在团队采用各种质量计划工具对产品特性进行优化并最终确定并公布最后的产品特性和目标之前，这个细化步骤是至关重要的。实际操作中，我们常发现质量计划在描述产品特性时过于宽泛，导致难以准确反映顾客的真实需求。

特征与目标的优化

一旦初步计划制定完毕，就需要进一步进行优化。也就是说，必须对该计划进行调整，确保以最低的总体成本满足顾客和供应商的需要，同时还能够赶超竞争者。在理想情况下，这种优化应由供应商和顾客共同参与完成。

计划评审

计划评审是对整个计划或某个特定部分的详细审查，以确保所有活动、资源和时间表都已经明确、合理并符合预定的目标和标准。

评审是为了确保质量计划包括所有必要的元素，没有遗漏任何关键活动或步骤。评审可以帮助识别潜在的问题或挑战，确保所计划的活动是实际可行的，并可以在预定的时间和预算内完成；确保计划中的所有活动和策略都与组织的质量目标和策略相一致。评审过程中，团队可以确认所需的资源(如时间、资金、人员等)是否得到了充分考虑和分配。计划评审是一个让团队成员了解、讨论和达成共识的机会。当所有相关方都理解并支持计划时，实施起来更加顺畅。

在实际操作中，计划评审可能涉及多个阶段或多次会议，尤其是在计划的初步阶段、中间阶段和最终完成阶段。通常，评审会议应包括计划的所有关键人员，如项目经理、团队成员、高层管理人员以及其他相关方。

最终产品计划的确定和发布

经过深入的优化和测试，计划方案已经做好了选择最终产品特征和目标的准备。此时，产品开发的成果将通过各种文件正式传达给其他功能部门。这些文件不仅包括关于产品特性和目标的明确规范，还有其他补充性的口头或书面指示。为了顺利进行这一步骤，团队首先需要明确产品特征及其目标的审批和发布流程。在产品计划中，除了产品和其特征目标之外，还应涵盖与最终产品计划相关的程序、规范、流程图等内容。所有这些关键环节的成果都须经过严格的验收流程。

5. 开发能够生产这种产品特征的过程

当产品计划与开发结束时，紧接着需要确定持续创造并提供产品的具体方式，这些方式被统称为"过程"。"过程开发"指的是为满足产品质量目标而制定的一系列具体操作方法。过程开发主要涵盖以下几个方面：

子过程：一个复杂的过程可以拆分成多个子过程，使得过程的开发和执行更加明确。

活动：构成过程或子过程的具体步骤。

作业：对执行某一活动作细致、分步骤的操作说明。

过程应以目标为导向，并产生具体且可测量的结果；过程必须系统化地进行，确保活动和作业的顺序得到清晰而完整的定义，并保证所有的输入和输出都有明确的规定；过程必须在实际运营中满足产品的质量标准；同时，过程的执行应明确各方的权责关系。

过程开发的主要活动包括：评估产品目标；明确运营条件；搜集关于备选过程的现有信息；制定整体过程计划；确定主要的过程特性和目标；明确详细的过程特性和目标；针对影响质量的关键要素制定计划；对可能出现的人为差错进行风险管理；优化过程特性和目标。

确认运营条件：过程架构

制定质量计划的人员应当了解一些具有一定特征的基本过程架构。"过程架构"是一个把过程结合和支持起来的耦合结构。① 这个结构支撑着产品的生产或服务的提供。

这个架构将各个过程紧密结合并予以支持，它为产品生产或服务提供所需的基础。选择特定的框架会对产品的制造方法以及组织满足客户需求的能力产生显著的影响。

6. 建立过程控制措施，将计划转入实施阶段

在这个阶段，制定质量计划的团队需要为过程制定控制措施，并将整个产品计划交接给实施与运营的部门。此阶段包含五个主要活动。

第一，确定过程所需的控制措施。过程控制主要包括评价过程的实际表现，与既定目标进行比较，以及针对任何偏差采取相应行动。

第二，设定控制准则。确定过程失控的界限，并使用控制图等决策工具；当过程未达到标准时，采取必要的纠正措施。通过详尽的过程流程图，识别关键的控制测量点，并编制相关文件。

第三，证实过程能力和可控性。尽管在设计阶段就应考虑过程的能力，但在执行阶段仍需确认过程能力和可控性的初始表现。对产品设计向过程实施、运营的转移加以计划。许多组织中实施运营部门对过程的接收是结构化和正规化的。要提供一个由一定的标准要素构成的信息包，其中应包括质量目标、欲使用的措施、应遵循的程序指令、注意事项等等。

---

① 约瑟夫·M.朱兰，约瑟夫·A.德费欧.朱兰质量手册：通向卓越绩效的全面指南：第6版[M].卓越国际质量科学研究院，等，译.北京：中国人民大学出版社，2013：129.

第四，规划产品设计向过程实施和运营的转移。在许多组织中，实施与运营部门对过程的接手是经过严格规划的。要提供一套包含标准要素的信包，其中涵盖了质量目标、拟使用的措施、需遵循的操作指南以及各种注意事项等内容。

第五，实施计划并确认转移。质量计划过程的最后活动是实施计划并确认计划向运营的转移已经发生。鉴于制定计划所投入的大量时间和努力，确保其有效实施并获得预期效果是至关重要的。

5.3　出版企业的质量计划

长期以来选题策划工作在出版界一直备受重视。以往的出版机构将选题策划视为编辑工作的第一个环节，或是编辑工作的源头和起点。在质量管理的视角下，任何一个成功的出版组织都是通过选题质量管理将质量目标、组织的经营方案与战略发展计划系统化结合起来，取得良好的成效。

出版企业质量计划的活动从选题开始。提高选题的质量，制定计划优化实现选题的过程，将有助于出版组织追求卓越绩效。与审稿、加工、校对、印刷诸环节不同的是，图书的选题策划几乎涉及了出版组织的各个部门和各类人员。提高选题工作质量，也就是组织各部门和各类人员保证选题过程质量，需要动员组织的全部人员。因此，如何动员各方力量规划优秀选题，直接关系到出版物的整体质量。出版组织必须从质量管理的角度对选题质量工作进行组织、指挥和协调，就是说要进行选题质量管理。

综合前人研究和出版实践，在质量管理视角下，选题策划是编辑人员开发出版资源设计选题的创造性活动，具有把握出版工作方向，落实出版工作方针，保障出版生产秩序，保证和提高出版物的质量和塑造出版单位品牌形象等重要作用，是一项"全程策划"的活动。选题的提出是一个创造性思维的过程，这个过程既需要识别用户，揭示用户需求，又需要根据用户需求，有针对性地开发产品和服务的特性，同时计划过程以保证产品的输出。进行选题的质量管理就是为了将各个环节联系紧密的工作综合看待。

选题质量管理是为保证选题达到原先预定的各项质量要求而进行的组织活

动，包括选题质量规划、选题质量计划和选题质量论证等质量活动。

选题质量规划的任务是根据出版组织质量方针确定选题的质量目标，明确选题策划阶段的质量责任，确定读者需求，并实现读者需求与质量目标的转换；

选题质量计划就是明确质量目标，是在选题计划中提出质量要求，确定图书产品的关键内容特性、质量水平（或质量等级），规定编校装帧工艺，并对工序质量做出要求；

选题质量论证主要是从质量管理的角度，以选题质量目标为标准，逐一对选题计划方案的实施过程进行评审、验证和分析，实际上是选题策划质量的持续改进措施。

根据全面质量管理理论，选题质量规划、选题质量计划和选题质量论证实际上就是一个 PDCA 循环过程，构成了选题质量管理体系，一方面为出版组织选题统筹决策提供质量依据，另一方面能有效地识别选题计划工作中的偏差和错误，防止将计划缺陷带到组稿、编校等环节中从而影响图书质量，确保选题策划质量。选题质量管理的内容与朱兰质量计划模型的对应关系如图 5-3 所示。

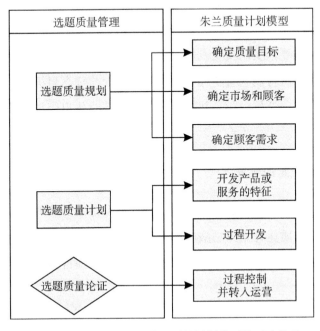

图 5-3　选题质量管理与朱兰质量计划模型的对应关系

5.4　选题质量规划

在以往的出版实践中，不会将选题策划纳入质量管理的范畴去考虑，质量目标与选题内容的关联性不强。而在质量管理的视角下，出版组织在进行选题创意的同时，设定质量目标，明确市场和顾客，揭示他们的需要，同时将顾客需要转换成质量目标，对市场上的同类产品进行评估，确定顾客需求和选题质量目标之间的关系。

5.4.1　质量目标的确定

《中华人民共和国国民经济和社会发展第十四个五年规划和 2035 年远景目标纲要》以立足新发展阶段、贯彻新发展理念、构建新发展格局为主线，突出"高质量发展"这一主题，是我国今后一个时期国民经济和社会发展的纲领性文件。

出版工作同样要落实高质量发展要求，而作为出版工作先导环节的选题策划理积极应响应，有所行动、有所作为，在工作方向、理念目标、实践操作上都做出新的调整和优化，调好焦距，找准聚焦点，为新时代出版精品战略和出版强国建设服务。

1. 质量目标设定的要求

质量目标的设定是组织的战略计划活动和经营计划活动的结果。主要的质量目标都体现在战略质量计划中。战略质量计划的展开要求组织将质量目标融入组织的愿景、使命价值观、方针、战略、长短期目标和项目当中去。质量目标的设定如图 5-4 所示。①

---

① 约瑟夫·M. 朱兰，约瑟夫·A. 德费欧. 朱兰质量手册：通向卓越绩效的全面指南：第 6 版［M］. 卓越国际质量科学研究院，等，译. 北京：中国人民大学出版社，2013：245.

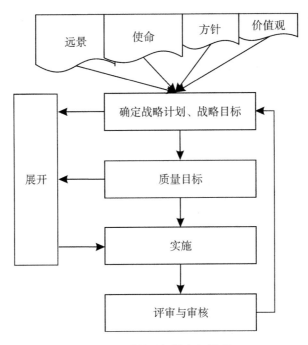

图 5-4   质量目标设定与展开

愿景一般是指组织或企业未来期望达到的一种状态。通常愿景可以被看作组织的最终目标，需要花 5~10 年时间来实现。使命是组织之所以存在的目的或理由，通常需要回答组织做什么以及服务于谁的问题。质量目标是组织在 1~3 年期内必须实现的是工作努力所指向的终点和结果，目标有长期和短期之分，目标的实现标志着战略的成功执行。方针是组织采取管理行动的指南，比如质量、环境、安全、人力资源等，方针指导着日常的决策。价值观是组织所拥护和信奉的东西。

出版组织质量目标的设定在价值观上首先要体现思想导向。新时代的出版工作必须以习近平新时代中国特色社会主义思想这一当代的马克思主义为指导，坚持正确的政治方向、舆论导向和价值取向，培育和践行社会主义核心价值观，这是做好新时代出版工作的根本。

出版组织质量目标的设定在方针上要有新的发展理念。现阶段出版业面临的时代之问，必须有新的理念来指导新的工作实践。我们必须充分认识到，出版高

131

质量发展已不是以往一般意义上的产业背景下侧重产业属性的发展思路，追求品种、数量、规模不断扩张乃至爆发式增长，而是社会效益放在首位，实现社会效益与经济效益相统一的精品理念。

出版组织质量目标的设定在愿景和使命上要有新的格局。在为新时代的发展贡献出版力量的过程中，出版企业必须要在出版高质量发展上展现新气象，必须要在新发展理念的引领下有新格局，出版企业质量目标的设定要有这样的鲜明底色、坚定底气和宏大视野。

从质量管理的角度出发，对质量目标进行规划和确定，是为了促使出版组织在选题策划阶段同读者进行接触，了解他们的需求，同时帮助出版组织在资源有限的制约下，确定质量目标，实现顾客满意度最大化。

2. 选题计划书的形成

在质量管理视角下，选题计划书的成文相当于编写目标陈述书。选题计划是按照一定的指导思想而形成的选题的组合，由出版单位根据出版方针、本单位的业务范围与出版资源条件，综合分析消费者需要和市场情况，对经过论证决定立项的选题进行梳理之后编制而成。它是出版单位的"施工蓝图"。在质量管理视角下，选题计划书的成文相当于编写目标陈述书。

选题计划的内容一般分为"总则（或文字说明）"和"列题"两部分。表 5-1 为某出版组织年度选题计划书示例。

表 5-1　　　　　　　　　　　　出版组织年度选题计划书

结　构	内　容
总　则	出版方针
	质量目标
	规模
	选题重点
	选题分类统计与分析

续表

结　　构	内　　容
列　题	选题类别
	选题名称
	内容简介
	拟约作者或已约作者姓名及其单位
	主要消费对象
	预约交稿日期
	预计成书日期

　　总则扼要说明出版的方针、目标、规模、重点，并对列入选题计划的选题做分类统计与分析。列题部分用表格的形式将已决定列入计划的选题按门类或学科分别列出。

　　选题计划可以分成不同的类型。

　　从提出计划的主体来看，可以分为国家有关部门组织制订的选题规划和出版单位制订的选题计划，其中以后者居多。

　　从计划的时间跨度来看，可以分为跨度较长（三年或五年甚至更长）的长期选题计划和仅涉及某一年度的年度选题计划两种。年度选题计划应报省级主管部门审核后报国家主管部门备案。

　　从计划包括的选题范围来看，可以分为综合性选题计划和专项选题计划两类，常见的选题计划通常是综合性的。此外，选题计划还可以按照出版物的学科门类、使用功能或者重要程度划分。

　　选题计划的特点一般体现在以下几个方面。

　　（1）整体性

　　选题计划首先要突显其整体性。这意味着在制定计划时，需要对即将出版的内容进行全面的构思，确保内容的连贯性和完整性。这不仅仅是从内容的角度，还包括知识结构、功能结构、消费者结构和效益结构。这样的整体性考虑还要求出版者在制定计划时，要有一个宏观的视角，确保各个部分之间的协调和平衡，

133

突出重点的同时体现统筹兼顾。

（2）指导性

选题计划不仅是一个简单的内容列表，它还应该为出版工作提供明确的方向和指导。这意味着选题计划需要明确出版的价值观、方针、组织的使命和远景等关键要素。这样，整个出版团队在进行工作时，都能够明确自己的方向，确保出版物的质量和方向都与初衷相符。

（3）稳定性

稳定性是选题计划的一个重要特点。一旦计划制定完成，就需要严格按照计划进行，避免随意地更改。随意更改不仅会影响出版的进度，还可能导致出版团队的混乱和低效。但这种稳定性并不意味着一成不变，而是在大方向上保持稳定，确保整体的连贯性和完整性。

（4）灵活性

尽管稳定性是选题计划的重要特点，但在实际的出版过程中，总会遇到各种预料之外的情况。因此，选题计划需要具备一定的灵活性，以适应这些新的情况。这种灵活性并不是随意更改计划，而是在不改变大方向的前提下，对计划进行微调，确保出版工作的顺利进行。

总之，选题计划是出版工作的基石，它既需要具备整体性和指导性，确保出版物的质量和方向，又需要具备稳定性和灵活性，以适应实际的出版环境和需求。

3. 选题计划的结构

选题计划是出版组织策略决策的核心部分，它涉及即将出版的出版物的内容、结构和方向。对于出版组织来说，一个完善的选题计划不仅要考虑内容的质量和方向，还要确保各种结构之间的协调和平衡，以达到优化状态。大体而言，选题计划存在以下几种结构。

一是选题知识结构。这是不同门类、不同学科的选题在选题计划中所占比例的状况。这一结构关注的是出版物的学科分类。例如，一个出版社可能决定在某一时期重点出版自然科学、社会科学或文学作品。这种决策通常基于市场需求、学术发展趋势或社会文化背景。通过优化选题知识结构，出版组织可以集中优势在自己的专业领域。

二是选题层次结构。这是学术出版物、实用技术出版物、通俗普及出版物等方面的选题在选题计划中所占比例的状况。这一结构涉及出版物的性质和目的。学术出版物通常针对学者和研究者，强调深度和原创性；实用技术出版物则更注重实用性，为专业人员提供技术指导；通俗普及出版物则旨在为大众提供知识和娱乐。出版组织需要根据其目标市场和资源来调整这三者之间的比例。

三是选题功能结构。这是不同功能出版物（如普通书、工具书等）的选题在选题计划中所占比例的状况，关注的是出版物的功能分类。普通书籍可能主要为了传递知识或娱乐，而工具书如词典、手册等则为读者提供具体的工具和帮助。出版组织在制订选题计划时，需要考虑市场对不同功能书籍的需求，并据此进行调整。

四是选题消费者结构。这是面向不同消费者对象（如为少年、青年、老年、妇女、公务员、研究人员、专业技术人员等）而设计的选题在选题计划中所占比例的状况。这一结构考虑的是目标读者群体。不同的出版物可能针对不同的消费者，了解并分析目标消费者的需求和喜好，可以帮助出版组织更精准地制定出版策略，确保出版物能够满足市场需求。

五是选题效益结构。这是重点出版物选题、畅销出版物选题、亏损出版物选题在选题计划中所占比例的状况。这关注的是出版物的社会效益与经济效益的平衡。出版组织在制定选题计划时，不仅要考虑文化和社会价值，还要考虑经济效益。

总的来说，出版组织在制定选题计划时，需要从多个角度进行考虑，确保各种结构之间的协调和平衡。这不仅可以提高出版物的质量和市场接受度，还可以确保出版组织的长期稳定发展。

4. 选题计划的结构优化

出版组织的选题结构是否合理，对于能否贯彻质量方针、树立出版社品牌、保证出版物的总体质量、满足不同消费者的需要，以及改善出版单位的经营管理等，都有密切的关系和重大的影响。

优化选题结构，使各类选题在计划中保持合理的比例关系，是制订选题计划时需要研究解决的重要课题。选题结构怎样才算合理，要根据出版单位的性质、方针和任务作具体分析。就多数出版单位而言，应在本单位业务范围内突出重点，同时保证各类出版物的选题都能占有适当的比例，避免同类选题大量重复或某个方面的选题空缺，并合理安排重点出版物和畅销出版物的选题，注意亏损出版物的比例，努力实现社会效益和经济效益的结合。

出版组织在制定选题计划时，其结构的合理性是至关重要的。一个合理的选题结构不仅能够确保出版物的质量和市场接受度，还能够为出版组织带来长期的稳定发展。优化选题结构的作用体现在以下几个方面。

（1）有利于出版质量的提升。

一个合理的选题结构可以确保出版物的总体质量。这意味着出版组织需要从内容、形式和市场需求二个方面进行综合考虑，确保为读者提供高质量的产品和服务。

（2）有利于树立出版企业品牌。

品牌形象是出版组织在市场中的重要资产。通过优化选题结构，出版组织可以确保其出版物具有一致的风格和定位，从而树立起独特的品牌形象，吸引更多的读者。

（3）有利于更好地满足消费者需求。

不同的消费者有不同的需求。出版组织在制定选题计划时，需要考虑到不同消费者群体的需求，确保出版物能够满足市场的多样化需求。

（4）有利于组织改善经营管理。

一个合理的选题结构可以为出版组织带来更高的经济效益。这意味着出版组织需要平衡重点出版物、畅销书和可能的亏损出版物之间的比例，确保整体的经济效益。

（5）有利于出版组织实现社会效益与经济效益的双赢。

出版组织在制定选题计划时，不仅要把社会效益放在首位，还要考虑经济效益。这意味着出版组织需要确保其出版物既有文化价值又有市场价值，既能够为社会带来正面影响，又能够为出版组织带来经济回报。

总的来说，选题计划的结构优化是出版组织策略决策的核心部分。只有确保选题结构的合理性，出版组织才能够在竞争激烈的市场中脱颖而出，实现长期的稳定发展。

5.4.2 确定市场和顾客

选题策划的核心在于为用户和市场提供服务。在信息丰富的全媒体时代，人们的需求不再仅仅局限于简单的信息获取，而是涉及社交、多感官体验、情感共鸣等多维度的内容。作为传播文化的重要载体，出版组织肩负着为满足人们日益丰富和多样化的文化需求提供优质内容的责任。因此，出版物的内容选择、整合和营销都应该与时俱进，与现代读者的真实需求紧密结合。

在全面质量管理理论中，顾客是产品的最终受众。选题策划，作为出版流程的起点，不仅直接影响到出版物的社会效益和经济效益，还是展现出版企业决策层能力和工作人员专业水平的窗口。鉴于其重要性，选题策划必须持续进行改革与创新，紧跟时代步伐。

借助于大数据分析，出版企业可以深入了解不同年龄、职业和性别等用户群体的阅读习惯和喜好。这些真实的数据为出版方向和选题提供了有力的支持。在这个高度信息化的时代，利用先进技术来优化选题策划，不仅能更好地满足读者的需求，还能助推出版企业的业绩增长。

在当前媒体融合的大背景下，整个出版业的生态发生了相应的变革。在移动互联时代，以读者为中心已成为行业共识。出版价值必须建立在满足读者需求的基础之上。因此，读者思维成为互联网时代出版策划的关键，只有真正深入理解和关注读者，才能策划出真正贴近市场、受欢迎的出版物。

5.4.3 确认顾客需求

1. 读者需求的 KANO 模型

日本学者将野纪昭根据企业所提供的产品对顾客需求的满足程度，提出 KANO 模型，将顾客需求从结构上分为三种类型，即基本型、期望型和兴奋型。[1] 这种描

---

① 钱旭潮，王龙，韩翔. 市场营销管理：需求的创造、传播和实现：第 2 版 [M]. 北京：机械工业出版社，2008：50.

述(如图 5-5 所示),能够帮助我们有效地理解、分析和整理读者的需求。

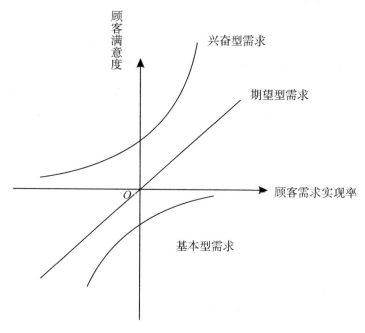

图 5-5 读者需求的 KANO 模型

(1)基本型需求

心理学认为,求知欲是人类的根本驱动力之一。无论身处何种社会环境,人们对于周遭的事物都有一种天生的好奇和探索之心。大致上,人们对知识的需求可以划分为两类:第一类是实用型的需求。这里的知识获取主要是作为达到某一目的的手段。例如,学生学习知识主要是为了应对考试,老人研读养生书籍往往是为了对抗某种疾病,而教师学习新的知识则可能是为了教授新的课程内容。第二类是纯粹的求知需求,这是出于对知识本身的热爱和好奇,而不是将知识视为达成某个目的的工具。

基本型需求,通常是读者认为图书产品固有的功能,很少有读者会专门提及。比如在工具书中,通过部首笔画或音序索引来查找词条被视为基本功能,大部分读者默认图书应具备这样的功能,因此不会特意提及。但一旦这些基础功能缺失或出错,读者的满意度会大大降低。

（2）期望型需求

人们渴望精神层面的丰富和成长。每个人都希望对自然、社会和人生有深入的理解，希望明确自己在社会中的位置，并持续追求更高的精神境界。在日常的社会互动中，人们形成了各种情感，如亲情、友情、爱情，甚至仇恨和嫉妒。阅读成为一个途径，使人们可以进一步丰富自己的情感体验和理解。

在市场中，读者更多地关注那些能满足他们期望的内容——这就是所谓的期望型需求。当产品能满足这些期望时，读者的满意度提高；反之，不满足这些期望会导致读者的不满。因此，出版组织有责任深入了解并研究读者的期望型需求，确保在其产品中充分体现这些需求，从而提高读者的满意度。

（3）兴奋型需求

兴奋型是指那些令读者意想不到的产品特性，如满足其娱乐和消遣需求的特性。这种需求的满足能带给读者一种特殊的精神愉悦，纯粹出于娱乐与放松的目的。如果产品没有涉及这种需求，读者通常不会感到失望，因为他们原本并未期待它；但当图书真正满足了这一需求时，它往往会大大超出读者的期望，从而赢得他们的高度赞赏。随着社会的发展，兴奋型需求可能逐渐成为读者的常态期望，甚至可能被视为基本需求。因此，为了保持出版组织在竞争激烈的市场中的领先地位，有必要持续洞察读者的显性和潜在需求，并在产品计划中予以体现。

2. 揭示读者需求

揭示读者需求具体包括识别读者需求、各种需求的重要程度排序以及掌握读者对市场上同类产品在满足他们需求方面的评价等。

揭示读者需求的一般步骤是如下。

合理选择调查对象。对于新选题，应重点调查与该选题相类似的产品的用户；对于现有产品的更新换代，应重点调查现有产品的用户。

合理选择调查方法。市场调查的方法很多，各有其优缺点，必须结合实际情况合理地进行选择。常用的方法有访谈法、问卷法等。

进行市场调查。

分析和整理调查信息。

影响读者需求的因素有如表5-2所示。

表 5-2   读者需求影响因素

维度	影响因素
经济因素	出版物价格
	经济收入水平
社会文化因素	社会阶层
	文化和亚文化
	相关群体
企业形象和品牌	出版单位形象
	出版品牌

出版物的价格和消费者的经济收入构成消费者购买行为的经济因素。一般而言内容相同而版本有别的出版物，价格低的较价格高的更具有吸引力。收入低的消费者比收入高的消费者更关心价格。经济收入水平不仅决定着消费者的购买动机是否能转化为购买行为，而且决定了他所要购买出版物的类型。不同的收入水平体现在消费者对出版物选择的偏好上。

社会阶层是指具有相似社会经济地位、价值观念和生活方式的人们组成的群体，不同的社会阶层对出版物的选择有各自不同的偏好，会产生不同的需要和购买行为。人们的风俗习惯伦理道德、价值观念和思维方式等文化和亚文化因素，会影响和制约消费者的购买行为。而与消费者相关的群体，也就是对个人的态度意见和偏好有重大影响的群体，例如亲朋好友、社会团体、社会名流明星等，会影响消费者的阅读习惯和阅读倾向以及对阅读内容的选择。

出版物的作者出版单位和发行者的形象，对于消费者的购买行为有着重要的影响，决定着消费者购买谁的出版物、在哪里购买等。出版的品牌一旦形成，将会对消费者产生持久的吸引力，可以培养更多忠实的用户。

3. 读者需求与质量目标的转换

在出版组织质量计划的过程中，可以运用多种类型的展开表、比如读者需求展开表、需要分析展开表、产品计划展开表、过程计划展开表、过程控制展开表等。图5-6说明了这一转化过程。对顾客及其需要的分析为产品计划提供了基础，产品计划又形成了过程计划的基础。而过程计划又为控制展开表提供了输入。

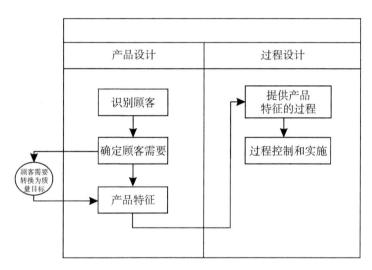

图5-6　质量计划活动次序

通过将读者需求转换为质量目标，并根据质量目标设计出满足读者需要的图书产品特性。

（1）读者需求排序

对读者需求按照功能、可信性（包括可读性、可靠性等）、适应性、经济性（开发成本、印制成本和使用成本）和时间性（产品寿命和及时交货）等进行分类，并根据分类结果将获取的顾客需求直接配置到产品规划质量屋①中相应的位置。然后，对各需求按相互间的相对重要度进行标定。

（2）配置质量目标

在配置质量目标时，应注意满足以下三个条件。

----

①　"产品质量规划屋"是对"质量功能展开"（Quality Function Deployment，QFD）的一种形象描述。QFD 是一种系统化的方法，用于将用户需求（或"声音"）转化为具体的设计要求和生产过程参数，以确保产品或服务满足用户的期望。

①针对性。质量目标要针对所配置的顾客需求。

②可测量性。为了便于实施对质量目标的控制，质量目标应该是可测定的。

③宏观性。质量目标只是为以后的选题计划提供指导和评价准则，而不是具体的产品整体方案计划。对于质量目标，要从宏观上以图书产品功能的形成来描述。

（3）关系矩阵

关系矩阵是一种表示对象之间关系的工具。关系矩阵应用非常广泛，尤其是在决策支持和系统分析中。质量目标和读者需求之间的关系程度是不同的，即某项质量目标对读者需求的影响程度是不一样的，要将内容质量目标和读者需求之间的关系密切程度用量化指标表示出来。简单的表示方法是用"强""中等""弱"三种级别表示。也可以用更详细的量化方法表示该关系，如用模糊关系①和神经网络②等方法表示。读者需求与质量目标之间的关系矩阵，可以直观地说明质量目标是否适当地覆盖读者需求。如果关系矩阵中的相关性很少或是大部分是"弱"的表现，则表示质量目标没有满足读者需求，应对质量目标进行修改。

5.5　选题质量计划

选题质量计划不同于选题计划，但与选题计划密切相关。第一步，通过选题质量计划，将顾客需求转化为产品质量目标，并依据质量目标开发产品的特征。第二步，选题质量计划将开发产品的特征转换为过程的规划，作为选题策划方案的一部分，指导其后各个出版环节的质量管理工作。由质量目标转化为过程规划如图5-7所示。

---

①　模糊关系是模糊逻辑的一个概念。在传统的二值逻辑中，事物只有两种状态：真或假。而在模糊逻辑中，事物可以有介于真和假之间的多种状态。模糊关系矩阵中的每个元素表示两个对象之间关系的模糊度。这种关系不是绝对的0或1，而是一个在0和1之间的值，表示关系的强度或可能性。

②　神经网络是一种模仿人脑工作原理的计算模型，它由多个相互连接的节点(或"神经元")组成。在关系矩阵中，神经网络可以用来识别和建模对象之间的复杂关系。

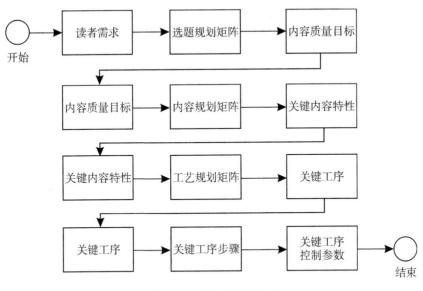

图 5-7　选题质量计划流程

5.5.1　开发产品的特征

选题关键内容的确定需要采用内容规划矩阵。内容规划矩阵包括即内容质量目标、关键内容特性、关系矩阵和关键内容特性目标值。内容规划矩阵的开发过程同产品规划矩阵基本相同。

以图书产品为例，可以有以下开发产品特征的步骤。

1. 设计主题与名称

设计主题是指读者提供什么样的知识和思想文化等方面的信息。设计图书主题时，首先要对读者状况、出版物市场状况进行分析，对读者群体进行细分研究，分析其中有哪些需求是目前的出版物市场上还没能够提供相应产品，或虽有产品但尚未充分满足。然后结合本单位的业务特长确定未来图书的主题方向及主要向读者提供哪个方面的知识信息，使图书具有哪些社会价值。

确定图书的主题方向，不仅要对图书定性，还要定量，也就是精准定位读者

143

需求对提供的信息数量予以大致确定，控制图书的篇幅。

图书的主题内容基本确定以后可以确定图书的名称。图书的名称要能够明确体现图书的主题内容，揭示作品体裁。在文字表达上要讲究修辞，要做到逻辑性与艺术性的完美结合，要避免脱离事实、低级庸俗的书名。

2. 设计体裁与篇幅

图书的体裁设计，是确定提供知识思想文化信息的具体方式。不同的目标读者群体，在文化背景、认知能力、情感取向、生活经历、职业特征等方面都会有所不同，对图书的体裁设计就是针对目标读者群体在这些方面的特点精细分析，确定以什么样的具体形式向他们提供既定的主题内容。是高深的理论，还是通俗的讲解；是文艺作品，还是科学作品；是一般读物，还是工具书；是以文字介绍为主，还是图文并茂；等等。对体裁的设计相当重要，无论是从图书传播信息的效果来看，还是从图书出版后的市场接受程度来看，体裁设计都具有重要的作用。

图书篇幅的设计，主要考虑图书的主题内容和体裁以及生产成本和目标读者群体的购买力状况等因素。

3. 设计开本、装订形式和版面

对于图书开本装订样式和封面形式的设计，属于对图书成品物质形态的设计，需要根据图书整体设计的基本原则，综合考虑图书的主题和体裁、篇幅、用途和主要读者对象的特点等诸多因素。在进行选题质量设计时，对图书的整体设计基本上仅着眼于大的方面，即对开本和装订样式版面形式提出大致设想，而进一步的设计要求是在稿件发稿时才具体设定。

5.5.2　过程的计划

通过过程的计划，将产品特性所对应的关键工序及工艺参数转换为具体的工艺/质量控制方法。以图书出版为例，选题策划以后所对应的工作环节是组稿、审稿、编辑加工、校对等。

1. 工序质量控制规划

在针对产品特性进行过程开发时，应结合出版的实际，充分利用并体现在长期生产中积累的性质有效的质量控制方法，如表5-3所示。

表5-3　　　　　　　　　图书出版过程质量计划矩阵表

关键工艺步骤	关键工艺参数	控 制 点	控制方法	检验方法
组稿	确定合适作者	制定组稿方案 确定约稿关系 做好服务工作	策划人审核	出版合同的签订
审稿	一次审稿通过率	稿件内容质量和形式质量评价	编辑部核查验收	编辑部三审书稿
编辑加工	使稿件达到"齐、清、定"的发稿要求	消灭差错、规范统一、润饰提高、核对引文、查对资料校订、译文推敲、标题撰写和规范辅文	编辑部核查验收	编辑部三审书稿
校对	编校差错率	解决原稿排版之后的新问题，处理编辑加工整理阶段遗留和疏忽的问题	校对人员审读校样、处理质疑	校对、编辑人员"三校一读"

2. 安排实施方案

（1）拟定生产流程计划

生产流程计划是确保图书从选题到出版的整个过程有序进行的关键。拟定生产流程计划需要注意以下几个方面：第一，尊重编辑出版工作的规律。每本书的内容、难度和篇幅都有所不同，因此需要根据这些因素来制定合理的生产流程计划。第二，考虑人力资源的合理安排。编辑的数量和能力都会影响生产流程的长度。例如，如果编辑团队人数较少或经验不足，可能需要更长的时间来完成编辑工作。第三，预留时间余地。在制定生产流程计划时，必须考虑到可能出现的意外情况，如作者未能按时交稿、稿件需要大幅修改等，因此需要预留一定的时间余地。第四，明确时间节点。生产流程计划应该明确各个阶段的开始和结束时间，如组稿、审稿、编辑、印刷和出版等。

（2）预测成本和预估定价

为了确保图书的经济效益，在制定选题质量计划时，出版组织需要对图书的成本和定价进行预测。主要包括以下几个方面：第一，成本预测。这包括图书的制作、印刷、装订、发行和推广等所有相关的成本。只有准确预测成本，出版组织才能制定合理的定价策略。第二，考虑市场因素。在制定图书的定价时，需要考虑市场上其他竞争图书的定价、读者的购买力和市场需求等因素。第三，本量利分析。这是一个评估图书可能的盈利或亏损的方法。通过这种分析，出版组织可以预测图书的销售量、成本和利润，从而制定合理的生产和销售策略。

3. 设计营销方案

出版物作为商品，需要通过市场实现销售才能实现价值，回收生产成本带来一定的利润，使出版组织在经济上具有持续发展的能力。因此在选题质量计划时，应该对市场营销方案有足够的考虑。

从选题质量设计的角度出发考虑营销策略就是从出版物的内容与形式目标，读者及其需求，作者声望及其创作特色图书进入市场实际等方面予以全面考虑。不仅要对同类出版物的市场表现情况做深入的比较分析，而且要通过对选题的进一步论证，预测未来的市场状况，对选题的社会效益、市场前景及经济上的盈亏提出明确的预测性意见。

（1）市场分析

在制定营销策略之前，首先需要进行市场分析。这包括了解目标市场的大小、竞争对手的情况、潜在读者的需求和偏好等。通过深入的市场分析，出版组织可以更好地了解市场的机会和挑战，从而制定更有效的营销策略。

（2）内容与形式的设计

出版物的内容和形式是其在市场上的核心竞争力。因此，出版组织需要确保其出版物既有优质的内容，又有良好的形式。如封面设计、版式布局和印刷质量等，也会影响其在市场上的表现。

（3）读者需求分析

出版组织需要深入了解其目标读者群体的需求和偏好，如他们喜欢什么样的内容、他们的购买习惯等，从而制定更有针对性的营销策略。

（4）作者的影响

作者的声望和创作特色是出版物在市场上的另一个重要竞争力。知名的作者可以为出版物带来更多的关注和销售，而独特的创作特色可以使出版物在市场上脱颖而出。

（5）预测市场前景

基于以上的分析，出版组织需要对出版物的市场前景进行预测。这包括预测出版物的销售量、市场份额和利润等。只有准确的市场预测，出版组织才能制定有效的营销策略，实现成本收益最大化。

5.6　选题质量论证

选题质量论证是通过评估选题设计质量来确定其是否可以组织实施的一项具体工作。选题质量论证从质量管理的角度对选题设计进行评审验证和分析，是选题质量管理的重要组成部分。选题论证对于保证选题质量具有极为重要的意义，对于出版单位的全局而言，选题论证是确定选题质量计划的决定性环节，选题不仅要在设计过程中经过设计者个人的论证，还要通过一定的程序进行集体论证。

5.6.1　选题质量论证的方式

选题质量论证的方式有一级论证和分级论证两种。一级论证是由选题策划人提出选题，直接通过全社范围内的选题论证会分析选题，形成选题计划。分级论证是选题策划人提出选题，先组织编辑室论证会，进行初步筛选，形成部门意见，再提交全社论证会讨论。选题论证的流程如图 5-7 所示。

在选题质量论证过程中，要坚持民主和集中相结合的原则，在选题质量论证

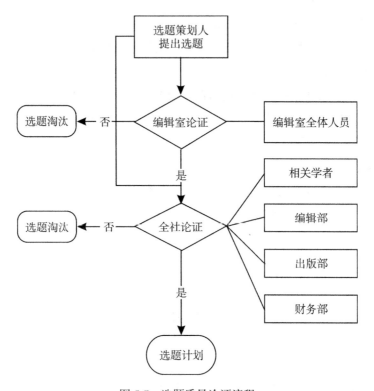

图 5-7 选题质量论证流程

过程中做到有理有据，科学分析。选题若要优选优化，选题质量论证时就要多加"阻力"，通过后则要多加"助力"。"阻力"有助于大家从不同角度作正反两方面的深入思考，可以有效抵制平庸选题出笼；"助力"可促进好选题，在后续过程中不断完善尽快转化为出版物。

5.6.2 选题质量论证的内容

选题质量论证包括选题设计的缺陷分析和选题质量经济分析。出版组织可以通过选题设计缺陷分析评价可防止和识别选题设计工作中的偏差和错误，确保开发设计质量，防止将设计缺陷带到组稿、编校、印制等环节，影响选题实现和图书质量。而选题质量经济分析评价则是通过对选题质量成本的分析，确保拟开发的选题能够做到质量和经济效益的最佳结合。

选题质量论证主要从精神文化价值、市场适应性、效益、可行性四个维度展开，具体内容如表5-4所示。

表5-4 选题质量论证的内容

维　度	内　容
精神文化价值	引导性
	独创性
市场适应性	针对性
	前瞻性
效益	社会效益
	经济效益
可行性	出版单位业务范围
	作者创作能力
	选题投资成本

首先，从精神文化价值判断。这是由图书的特殊属性决定的。图书既是一种商品又是一种精神文化产品，因此对选题质量的论证必须从精神文化价值判断着手。由于选题论证阶段还处在产品的设计阶段，必须"取法乎上"，在论证时根据主题的现实意义、作者的创作实例和内容、可能达到的高度，从引导性和独创性上来评估未来出版物的精神文化价值及可能产生的社会效益和经济效益。从引导性上来讲，好的选题应该对人们具有精神上的引导作用，无论是在政治导向、思想启示、道德教诲还是知识传授上。从独创性上来讲，一个好的选题，优质的选题应该在内容、形式或结构上都有其独特之处，无论是在理论解释、作品结构、知识表达方式，还是在为读者提供便利上都应有所创新。

其次，从市场适应性判断。在市场经济条件下，出版单位要实现社会效益与经济效益的最佳结合，必须坚持把社会效益放在首位，强化营销意识，充分考虑选题的市场适应性。对适应性的考量，可以从针对性和前瞻性两个方面进行评估。适应性可以从"针对性"和"前瞻性"两个维度来评估。首先，针对性不只是针对特定的消费者群体和出版内容的细分，更要确保出版物符合消费者的实际需求和功能期待。其次，前瞻性意味着考虑创作和出版的整个周期，因为市场需求和趋势是不断变化的。这就要求策划者具有前瞻性的视野，预测市场的走向，并确保作者能够满足这些预期，这样出版物才能保持长久的吸引力。

再次，从效益判断。出版工作要始终把社会效益放在首位，实现社会效益与经济效益相结合。可以说，效益成为衡量选题成功与否的关键指标。在追求社会效益的过程中，出版单位也需要确保经济效益，以支持其持续运营和扩展业务。有些主题虽然可能在经济上不太盈利，但其社会效益巨大，如果出版单位的财务状况允许，仍应予以考虑。然而，对于那些既不带来社会效益，又不具备经济效益的选题，考虑到其可能导致的资源浪费，应避免纳入选题计划。

最后，从可行性判断。无论一个选题多么有吸引力，如果没有明确的实施计划和必要的条件来支持它的执行，那么它很可能只是一个美好的设想。因此，在评估选题时，需要认真考虑其实际的可行性，包括是否符合出版单位的业务领域，作者是否具有按预定时间完成高质量作品的能力，以及从财务角度看出版单位是否有足够的预算来支持这个项目，等等。

第六章
出版企业的质量控制和改进

在朱兰质量三部曲中，质量控制和改进是继质量计划之后的两个过程。质量控制是一个过程，通过监控和衡量实际的质量绩效，与预先设定的质量标准进行比较，如果发现绩效与标准之间存在偏差，则需要采取措施来纠正这些偏差。质量控制的目的是确保过程的稳定性和一致性，使其持续满足质量要求。

质量改进是一种持续的努力，旨在识别那些可以改进的领域，深入分析导致质量问题的根本原因，设计并执行解决策略，确保所实施的改进措施确实产生了预期的效果。

质量控制和改进往往通过 PDCA 循环来完成。控制是为了找出差异，实现改进；改进后又进入新一轮的控制。控制和改进通过不断地识别差异、采取行动以获得稳定性。

质量计划、质量控制和质量改进三者共同构成了朱兰质量管理三部曲的核心。

6.1　PDCA 循环在出版组织的运用

任何活动都必须遵循科学的工作程序，PDCA 循环是质量管理的基本工作程序。PDCA 循环是一种迭代的四步管理方法，用于持续改进过程和产品。

6.1.1　PDCA 循环的含义

PDCA 循环的概念最早是由统计质量管理的先驱 Walter A. Shewhart 提出，美国质量管理专家 W. Edwards Deming 在 20 世纪 50 年代将其介绍到日本，所以又称为"戴明环"（"Deming Circle"或"Deming Cycle"）。四个英文字母及其在循环中所代表的含义如下：

1. P(plan)——计划，根据组织目标和顾客需求，建立体系目标及过程，确定实现结果所需的资源，识别风险和机遇；

2. D(do)——执行，实施或执行计划，但要确保这是在受控条件下进行的，从而可以后续进行评估。

3. C(check)——检查，根据方针、目标、要求和所做的计划，评估执行阶段的结果，并与预期的结果进行比较，识别任何差异或偏差，找出问题，分析原因，总结经验；

4. A(action)——处置，对检查的结果进行处理，采取措施提高绩效，把成功的经验变成标准，以后按标准实施；未解决的问题放到下一个 PDCA 循环中。

PDCA 循环是质量管理中最基本的管理方法，适用不同组织、不同环节、不同方面的质量工作。PDCA 循环四个阶段，缺一不可；同时，小环的循环渐进推动大环的不断上升，环环相扣。在各种组织、各个环节、各种工作内容的质量管理中，PDCA 循环不仅得到了广泛的应用，而且取得了很好的效果。

6.1.2　PDCA 循环的特点

1. 大环带小环

PDCA 循环是逐级递进的关系，上至整个组织，下至部门、小组，都有自己的 PDCA 循环。通过大环的运动带动小环的循环，一级带一级，有机地构成一个运转的体系。其模型如图 6-1 所示。

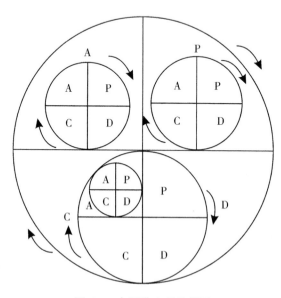

图 6-1　大环带小环示意图

2. 阶梯式上升

PDCA 循环追求绩效逐步提高，不会一直停留在同一水平上循环。每循环一次，就解决一部分问题，取得一部分成果，总结一部分经验，工作就前进一步，水平就提高一步。到了下一次循环，工作的目标和内容会更上一层楼。如图 6-2 所示。

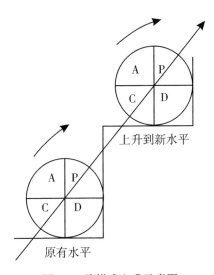

图 6-2 阶梯式上升示意图

3. 科学管理方法的综合应用

PDCA 循环以质量管理的统计处理方法以及在工业工程中工作研究的方法，作为进行工作和发现、解决问题的方法。戴明理念的核心在于，在最高管理层的领导下，通过降低设计、生产和服务过程中的不确定性和变异性，来持续改进产品和服务的质量。① PDCA 循环每个步骤的具体内容和所用的方法如图 6-3 所示。

———————————

① 詹姆斯·R. 埃文斯，威廉·M. 林赛. 质量管理与质量控制：第 7 版［M］. 焦叔斌，主译. 北京：中国人民大学出版社，2010：58.

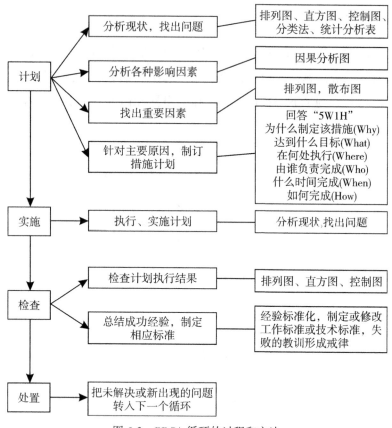

图 6-3　PDCA 循环的过程和方法

6.1.3　出版过程的 PDCA 循环

在正常情况下，图书的出版过程可分为选题策划、组稿、审稿、编辑加工、装帧设计、发稿与校对、发行七个环节，其 PDCA 循环过程如下文所示。

图书产品的 PDCA 大循环：

P：选题计划

D：组稿、审稿、编辑加工、装帧设计、发稿校对、发行

C：搜集发行反馈信息，检查选题计划落实率

A：总结经验教训，为下一轮选题计划的拟定提供参考数据和信息小循环

图书产品的 PDCA 小循环：

选题策划环节的 PDCA 循环：

P：选题设计

D：选题报批

C：选题的论证与审批

A：拟定年度选题计划

组稿环节的 PDCA 循环：

P：年度选题计划

D：组稿（征稿、约稿、选编自投稿）

C：检查组稿是否满足计划的要求

A：总结组稿情况，提出下一年度组稿初步意见

审稿环节的 PDCA 循环：

P：审稿计划，预计稿件审定时间

D：稿件送审，三审

C：检查审稿意见和审稿程序

A：审稿总结，疑难稿件等遗留问题处理

加工整理环节的 PDCA 循环：

P：拟定编辑加工计划

D：对决定采用的稿件进行修改润饰

C：检查书稿文字质量是否得到优化，各个部分是否统一协调

A：总结加工整理经验，对装帧设计提出具体要求

装帧设计环节的 PDCA 循环：

P：图书物质形态的构想与安排

D：开本、装订形式、封面的设计，材料的选用及制作工艺等

C：检查书装设计是否能够较好地为内容服务

A：确定图书的外观形态，送交印刷单位制作

发稿与校对环节的 PDCA 循环：

P：发稿与校对计划及其安排

D：书稿齐、清、定发排

C：对清样进行三校

A：总结经验教训，书稿付型印刷

发行环节的 PDCA 循环：

P：发行计划及时间安排

D：发行前准备工作，封装，运输

C：对发行质量进行检查

A：发行工作统计总结

图书出版过程是"大环带小环"螺旋式上升的结果，从选题策划到发行，每一循环的"A"都是下一个循环"P"的开始，大循环带小循环，有机地构成一个运转体系。

从编辑部、印刷车间到发行人员，按照 PDCA 循环工作，整个出版组织围绕一个总目标一层一层解决问题，每通过一次循环，就有了新的目标和内容，质量就得到一次改善，再进行下一个循环，使图书质量不断得到提高。

6.2　选题质量控制和改进

图书的选题是图书出版过程的首要环节，历来受到重视，在我国有选题专项报批和出版社内部的三级审批制度。但是，这种严格的审批从目前看来还主要是基于选题的社会需求、市场开发程度、经济效益等因素考虑，缺乏整体的、长远的设计和论证。

实际上，根据高质量的产品是设计和制造出来的这一观点，选题过程同时也就是图书质量的设计过程。选题的确定，是图书质量方案的开端。因此，在选题过程中，应该提出该选题的质量标准要求，设计出达到出版社质量目标的具体实施方案，并对影响到图书质量的周期、成本、材料等因素作出论证。

对选题质量的控制尤其体现在论证环节。从某种意义上说，系列选题、年度选题和长远的选题规划，事关出版的方针、目标、战略，是一种重大的出版经营决策。选题质量的优劣，不仅影响图书产品的质量，在一定程度上决定出版社的成败兴衰。对选题计划的论证，从质量管理的角度展开，主要是对选题设计进行评审、验证和分析，包括选题设计缺陷分析和选题质量经济分析。既要从微观上论证选题的可行性，又要从宏观上考虑各类选题的合理结构。既要结合出版组织以往的经营情况、出版资源储备，从现实出发，又要按照出版规律对未来做出预判。论证也许要进行多次，使选题的优化和可行性更有保证。

选题必须经过审批。选题经过论证以后，还要由社长、总编辑和副总编辑及有关部门负责人共同讨论。因为不论是分管哪方面工作的成员，不能不过问选题，社长、总编辑只有掌握全部情况，对选题的决策才会是科学的和民主的。出版社年度选题计划要报送主管部门审批。对涉及政治、军事、外交、统战、宗教、民族等敏感问题和其他需宏观调控的选题，按照规定还要专项报有关领导部门批准。

选题计划在执行的过程中，应重点考察年度选题计划实现率。考核年度选题计划实现率，对出版组织来讲具有重要的意义，因为管理部门对书号资源的分配往往是依据年度学习计划来实现的。在对选题计划的检查中，要认真分析其中未能完成选题是什么原因：是作者未能按时交稿？作者稿件质量不符合出版要求？还是编辑力量的分配不合理？编辑加工的流程不顺畅？或是在哪个生产环节耽误了比较多的时间？而对于那些按照计划落实到的选题要及时总结经验。

根据在学习计划检查环节中总结的经验和吸取的教训，带入下一次选题计划的安排。尤其是年度和长远选题计划的制订，是一个从上到下和从下到上多次反复形成共识的过程。先由社长、总编辑提出书的指导思想、重点、结构等方面的要求，再由各编辑部门提出具体选题，经过在出版实践中不断调整，最后形成选题计划。

对选题质量的控制一般应抓住以下几项工作：明确图书选题质量目标和质量方针，通过文件化、程序化手段加强对选题的论证工作，严格遵守选题论证过程的工作程序和进行质量分析，将质量分析的结果带入下一个执行阶段并实现产品质量、过程质量和体系质量的提升。

6.3　组稿质量控制和改进

原稿是图书出版进行编辑加工的原材料。原稿质量的高低很大程度上决定了图书产品质量的高低。组稿是出版组织计划、组织、协调资源，根据选题方案选择作者，并组织过作者写作书稿的过程。鉴于图书质量的特殊性，书稿编写者的理论水平、科学知识水平、业务水平和写作能力对图书的内容质量起着至关重要的作用，因此，选题确定后的组稿过程是对组稿质量十分必要的控制过程，应予以特别的重视。

出版组织对组稿的管理是多方面的，既有业务方面的，也有行政方面的，还有经营方面的。在组稿过程中同样存在着起关键作用的关键的少数，即达到目标的关键点。控制组稿过程的关键点。会使得质量管理的任务相对简单，可行性强，管理的效果自然也显著。

6.3.1　关键点分析

1897 年意大利经济学者帕累托，通过运用统计资料分析社会现象，概括出一种"关键的少数和次要的多数"的理论，并根据统计数字画成排列图，后人把它称为帕累托曲线图。在质量管理活动中，帕累托曲线图（排列图）是按照质量问题发生频率大小顺序绘制的曲线和直方图，可以将出现的质量问题和质量改进项目按照重要程度依次排列，通过这样一种方法，我们可以找出组稿工作中的关键点。

组稿工作包括研究选题、明确编撰要求、选择作者、约稿决策、确定约稿关系等内容。不同的出版组织，不同内容的稿件，不同类型的选题，具有不同的组稿关键点。出版组织应当实事求是地结合自己的特点进行组稿关键点分析，这样才能有的放矢地进行质量管理。组稿关键点的控制程序如图 6-4 所示。

6.3.2　组稿关键点控制

1. 深入研究选题

编辑对选题的认识和领会与组稿能否成功有着很大的关系。编辑组稿的目的就是要为选题寻找最合适的作者，并且把作者的创作轨迹引导到符合选题要求的轨道上来。因此，当选题计划经过论证，可以实施编辑，必须在组稿前再次充分

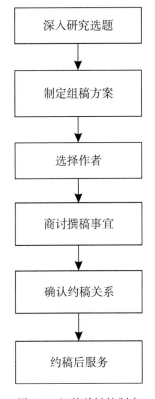

图 6-4　组稿关键控制点

研究选题的性质和要求，结合顾客的需求选题的价值和设计方案，将这些要求转达给作者。

　　为了更好地让作者的写作思路迅速地与选题构想对接，有些出版组织甚至要求编辑在联系作者之前拟出初步的体例和创作要求，是否采用这种做法取决于编辑对选题研究的深度及对市场的把握程度。

2. 制定组稿方案

　　凡事预则立，不预则废。在开始组稿前一定要制定具体的组稿方案。组稿方案的内容涉及向谁组稿、由谁组稿、交稿时间、出版时间、付酬标准、稿件要求等等。编辑部对组稿质量的管理从检查落实组稿方案开始。

3. 选择作者

选择合适的作者是选题成功的关键，在进行选题策划时，一般对作者人选也有设想，在开始组稿时，则还要再次从各方面进行衡量，以确认最佳人选。作者的学术水平是影响组稿质量的关键因素，此外还需就写作态度、写作素质、写作时间和精力等方面综合考察备选作者，权衡各方面因素，提出合理方案。

一个高质量的出版物首先要有高质量的作者及其所提供的高质量原始书稿。出版机构要不断强化作者人才意识，根据自己的出版范围、出版特色和出版规划认真搞好作者人才储备和作者队伍建设，还要满怀热忱地扶持和培养年轻作者队伍，形成优质作者梯队，从源头上保证作者原始书稿内容的高质量。①

4. 商讨撰稿事宜

需要注意的是，将作者创作书稿纳入质量管理，进行完全的量化控制是不可能的。特别是一些刚开始写作的新作者，他们没有以往的作品可供参考，这种情况下与作者沟通商讨撰稿事宜就显得特别重要。编辑要向作者全面介绍选题策划意图，商讨稿件的结构，体例撰写要求及各部分的篇幅。作者接受约稿之后，一般要根据要求写出编撰大纲或稿件目录。针对一些大型的丛书，还应由主编组织编委会制定编纂计划，规定书稿的创作宗旨、消费对象、编辑方针、创作内容、篇幅、编写要求、编撰体例以及创作人员的分工等。

5. 确定约稿关系

与作者商讨好撰稿事宜后，出版单位就可以用口头约定或与作者签订约稿合同的方式确定约稿关系，约稿合同的内容一般包括出版单位和作者的名称、作品名称、主题结构、体裁、篇幅等。尤其应该明确的是违约责任，包括由出版单位所致不能出版和由作者原因导致不能出版双方相应承担的责任。

6. 约稿后的服务

确定约稿关系后，良好的约稿后服务也是保证书稿质量的关键点。编辑需要

---

① 李宝东. 提高出版物质量应强化"三大意识"[J]. 出版参考，2018(12)：55-57.

创新精神，要充分发挥参谋的作用，帮助作者完善创作计划，坚定创作信心，选择最佳创作方案。同时，编辑还需要服务意识，与作者同步思考，作者交出提纲和样稿，作者编辑要及时审阅并向作者反馈意见，作者缺少资料编辑要尽可能提供帮助，等等。

6.4 审稿质量控制和改进

对于书稿的写作质量来说，组稿与审稿是两个既相关联又相区别的环节，无论组稿工作进行得多么慎重，完成后的书稿是否实现了预期的目的，是否达到了出版水平，还需仔细加以鉴别。"三审制"是根据编辑工作规律，为确保稿件质量而产生的一种具体制度。它的主要任务有两个：一是决定书稿的命运；二是提出修改意见，帮助作者提高质量。

全面准确地判断书稿价值，特别是要提出修改意见，是一件极其重要、极其不易的工作。受知识、水平、经验的局限，单靠个人的力量是难以完成这项任务的。经验证明，"三审制"是出版社依靠集体的力量、集中集体智慧来保证图书质量的一项基本工作制度，是一项必不可少而可行性大的质量保障制度。遗憾的是，"三审制"在执行过程中存在一些严重问题，主要是执行不严，甚至形同虚设。"三审制"被弱化，直接影响到图书质量。

建立质量管理体系能够明确各审职责，不断完善"三审制"。既然是三审，每一审都应当有特定的任务和职能。只有职责明确，才谈得上各司其职，各负其责。

初审一般是责任编辑，要对书稿全面负责。具体地说，初审的职责是：(1)对书稿的政治思想、学术(艺术)价值、文字结构、书名标题等方面进行审视，作出全面评价，明确提出是否达到出版水平的意见。(2)具体指出书稿还存在哪些问题，解决问题的办法是退改，还是编辑进一步加工。(3)提出自己把握不准的问题。

复审的责任是：(1)审查初审的"审读意见"是否正确、完善，提出修改补充意见。(2)着重从书稿的学术(艺术)上把关。(3)着重从政治上把关。

终审主要审查稿件的政治导向与思想倾向，从更高的角度审视稿件是否违反法律法规和社会道德规范，是否具有学术价值或文化艺术价值，是否可以产生社会效益和经济效益。同时要从本出版组织的业务范围、出书特色、品种结构、品牌营造、经济实力等诸方面考虑，避免重复出版。

审稿中对稿件质量的评价分为对内容质量的评价和对形式质量的评价两个部分。对内容质量的评价侧重于从知识信息的稳定性和稿件的艺术感染力方面进行评价。对稿件形式质量的评价，主要着眼于稿件的结构框架、行文格式、表述形式三个方面。

6.5　装帧设计质量控制和改进

提高图书整体设计的质量是提高图书质量的重要方面。1997 年新闻出版署颁布的《图书质量保障体系》规定："出版社每出一种书都要指定一名具有相应专业职称的编辑为责任设计编辑，主要负责提出图书的整体设计方案具体设计，或对委托他人设计的方案和设计的成品质量进行把关。图书的整体设计也要严格执行责任设计编辑、编辑室主任、社长或总编辑（副社长或副总编辑）三级审核制度。"

装帧设计是图书外部装帧和内文版式的全面设计，包括封面及其附件、正文及辅文，以及开本、装订形式、使用材料等设计，是一个相互联系的整体。在质量管理体系的建立过程中，出版组织高度重视内部沟通，打破了出版单位现有的工作格局，消除了设计编辑与责任编辑的"两张皮"的现象。关于书稿的选题组稿计划、写作提纲、题材内容、作者要求等，责任编辑都要及时与设计编辑通气，提供资料商讨设计方案。丛书在制订计划时，设计编辑应参与。设计编辑要会同责任编辑检查、核改封面样和版式设计样，要注意书名、作者、文字规范、汉语拼音拼写、外语翻译等方面有无差错。总编辑要把整体设计作为一门艺术和提高图书整体质量的重要工作来对待，发挥指挥、协调作用，充分调动各方面的积极性，形成合力。

控制和改进出版物装帧设计质量是确保满足目标受众对于产品的感官要求的

关键步骤。在计划阶段，设计人员了解当前的设计趋势、竞争对手的设计风格和目标受众的喜好；制定出版物装帧设计的基本原则、色彩规范、字体使用、材料选择等；在资源分配上，为装帧设计分配足够的预算和时间，确保设计团队具有必要的工具和技能。在执行阶段，设计人员要基于设计要求创建多个装帧设计草图；内部团队评估草图，提供反馈和建议；根据反馈调整和完善装帧设计。在检查阶段，可以通过读者调查、样本测试或专家评审来获取外部反馈。产品出版后，通过销售数据分析和用户评论了解装帧设计的市场表现；团队再次评估整个设计过程，检查是否达到预期的质量标准。在行动阶段，可以基于检查阶段收集到的数据和反馈，确定需要进行的改进；更新设计要求和标准；为设计团队提供进一步的培训，确保他们了解和遵循新的设计标准和最佳实践。最后回到计划阶段，以改进的方法和策略重新启动整个过程。

6.6 编校质量控制和改进

1. 加强监督和自我约束机制

质量管理体系能加强组织的监督和自我约束机制，防止质量保障制度的实施流于形式。在编校过程中，如何促进三级审稿者自我约束，接收监督，需要用文件的形式来加以规范。审读意见书是衡量编辑人员对书稿内容质量掌握程度的标尺。一般重复书稿内容加上空洞的评语撰写出的审读意见书，主要是由于编辑人员没有认真审稿或不重视写审稿意见书。审稿意见书应有比较深入的分析和论述，不过与一般图书评介不同，它更带出版专业性。初审意见书一般包括选题、组稿情况，书稿特点的分析和研究成果的介绍，对观点、论证的评价，对结构、体例、语言文字质量的看法，对书稿的取舍意见和修改建议等，有专家意见的可附上。初审意见书要尽可能详尽。复审、终审的意见书文字不一定很多，但要明确回答初审提出的问题，是对书稿的鉴定书。对于需退修的书稿，要将意见综合向作者反映；重大的增删和篇、章、节调整，一些重要观点和原则性的修改意见，要同作者协商；特别是学术观点，要尊重作者意见，避免强加于人。涉及内容的重要修改由作者动手，有问题尽量提请作者解决，避免编辑在加工整理时大动。书稿不符合"齐、清、定"要求，应在退修过程中解决。修改意见和作者意见都要有书面记录，以备加工整理时查阅和归档。经过退修的书稿同样要进行三审，写出审读意见。

2. 重视质量检查反馈

编校人员未能消除图书存在的差错主要有两个原因：一是工作疏忽；二是不知道或不敢断定是差错。PDCA 循环强调每一工作环节的总结和问题预警，运用在图书编校质量控制上，如果能就质量检查中发现的各种差错发表综合述评，找出问题，形成标准，并进入下一轮循环将有利于提升编校质量。

《图书质量管理规定》对图书编校质量差错率的计算方法加以量化，审读者必须严格依据标准进行检查。同时，出版社要按照条件认真物色、聘请审读员，并对审读员提出严格要求和实行监督。

在上述质量控制过程中，不论内容质量、装帧设计质量、印刷装订质量、成品图书质量，都要具体填写差错记录，统计差错数量，划分质量等级并说明原因。成书经过检查仍存在差错的，对审读者要追究责任；检查中如有误判，责任编辑应提出异议。出版社定期公布质量检查情况，并充分利用质量检查的材料，进行综合分析，找出一定时期或某些方面的突出问题和倾向，总结经验教训，讨论制订改进措施。可以开展群众性的讨论或召开专题质量分析会，以充分发挥质量检查的作用。

6.7 市场质量控制和改进

市场质量是指出版物在市场上的表现、接受度和影响力。出版物的市场质量包括产品价格质量、销售质量和服务质量三个方面：价格质量就是定价的合适度；销售质量包括产品知名度、市场占有率(排行榜)、品质价格比、销售周期和资金周转率等相关内容；服务质量主要指售前售后服务，包括读者信息反馈、问题产品调换、电商服务、书友会等服务活动。

迄今为止，行业内有关出版物质量管理文件中还未正式将市场质量列入质量控制范围。市场经济的快速发展，出版业市场面对的国内外形势的迅速变化，都要求我们以与时俱进的态度更新出版质量观和完善质量管理体系。

1. 产品价格的控制

出版物的价格质量就是产品的定价是否合适。定价的合适度从某种程度反映了产品对顾客需求的满足程度。价格质量是出版物质量的重要组成部分之一。

出版组织的产品价格控制强调平衡内容质量和售价，确保读者能获得物超所值的阅读体验。控制产品的品质价格比，即考察定价水平、销售数量与出版物质量的比价关系，防止某些产品用高定价、低折扣来提高销售量。

要满足读者对出版产品的价格需求，必须通过实地调查收集读者的信息，把握读者的特点，即知己知彼。知己即了解自身，对出版社的性质、特征、体制、历史、规模、产品、能力及所处的内外环境进行分析。知彼则是针对目标读者群进行需求调查。了解读者的文化背景、身份地位、地域特征、收入状况、消费习惯等特点，以此来作为制定出版产品定价的参考系数。

2. 销售质量

第一，销售质量的控制和改进对出版企业会产生以下积极影响：强化品牌和产品的市场推广，提高知名度；第二，分析销售数据，制定有针对性的销售策略，促进出版产品的市场渗透，提升市场占有率；第三，优化出版流程，缩短出版物从计划到上市的周期，同时提高资金的使用效率。

3. 服务质量

出版企业的服务质量控制主要体现在：第一，读者信息反馈。建立反馈机制，及时收集并分析读者的意见和建议。第二，问题产品调换。确保出版物的质量，对于有问题的出版物提供快速的调换服务。第三，电商服务。针对线上销售，提供便捷的购买流程、及时的物流配送和售后服务。第四，书友会和其他服务活动。组织各类与读者互动的活动，强化读者的品牌忠诚度。

基于 PDCA 循环对出版物的市场质量进行控制和改进，可以遵循以下步骤。在计划阶段，基于市场调查、销售数据及历史经验，确定明确的市场质量目标，例如提高市场占有率、增强品牌知名度或优化服务体验。做好风险分析，识别可能影响市场质量的潜在风险，并预先制定应对措施。制定具体的市场策略，如新的市场推广策略、合作伙伴关系建设、优化售后服务流程等。在执行阶段，按照预定的策略和方法开展实际的市场活动，如广告推广、新产品发布、客户关系管理等。做好资源分配，确保市场活动获得必要的资源支持，如资金、人力、技术等。在检查阶段，持续收集市场数据，如销售额、客户反馈、品牌曝光率等，确保数据的准确性和完整性。对效果评估，分析数据，评估当前市场策略的有效性，确定是否达到预设的市场质量目标。识别问题，找出市场策略中的问题或不足，例如某一推广活动未达到预期效果，或客户反馈中出现的常见问题。在行动阶段，对识别出的问题采取针对性的措施，如调整市场策略、提供额外的培训或资源支持等。基于效果评估，持续优化和完善市场策略，确保市场质量的持续提升。将改进的经验和教训反馈至下一步的计划阶段，确保 PDCA 循环的持续进行。

通过以上 PDCA 循环的步骤，可以实现市场质量的系统性管理、持续控制和改进。此外，为了确保 PDCA 循环的有效运作，还需要确保相关人员的参与和沟通，及时获取各方面的信息和反馈，并持续对市场环境和竞争态势进行监测和分析。

第七章
出版企业质量文化建设

7.1 质量文化的基本概念

虽然世界范围内的质量管理理论已经相当成熟，特别是以 ISO9000 国际质量管理体系标准为代表的质量管理体系建设和认证已经在全球范围内得到了普及。但是，建立了质量管理体系不等同于拥有了高品质发展的基因。隐藏在企业背后的历史传统和文化信仰、社会氛围、行为模式等因素都会影响企业对质量的认知，甚至使得企业的质量实践偏离既定的目标。只有植根于质量文化土壤之上的质量管理实践，才能塑造企业核心竞争力和长久可持续发展的可能。

7.1.1 企业文化与质量文化

质量文化是企业在长期的经营活动与质量管理过程中为适应市场与内部环境而形成的具有一定特征的质量意识、质量价值观、质量行为与规范。企业质量文化是企业文化的一个子系统，是企业开展质量提升的软环境，是员工践行质量价值观和提高凝聚力的有效保证。

质量文化是企业文化的核心部分。所谓质量文化，是企业生产经营中有关质量的一种常态化的行为模式。质量是产品的固有特性，有产品就有质量，质量的形成过程(包括设计、制造、检验等过程)、交换过程(包括营销、运输、交付等过程)和消费过程(包括使用、维护、用后处置等过程)，以及与这些过程相关的质量行为和活动，往往反映了企业生产经营中质量的状况。有关质量的行为必然受到企业对质量的认知、情感和意志的制约，而且只能在企业制定的制度和提供的物质条件下进行。这样的认知、情感和意志，这样的制度和物质条件，从个别到一般，从短期到长期，逐渐积累，逐渐沉淀，形成固定的模式，就构成了企业质量文化的内容。因此，企业的质量文化是客观存在的，人们可以通过企业的生产经营活动去感受、理解和把握。我们所说的企业质量文化建设，并不是凭空设计出来的，而是在企业已有的质量文化的基础上，进行改进、改造、提升、完善的过程。

如果企业文化注重的是外部形象、市场占有率、获利能力和企业精神，那么质量文化则是偏重企业质量精神、质量道德、质量管理体系和技能，通过全员、全过程的持续改进而实现企业文化所追求的目标。企业文化偏重宏观和社会对企业的感受，而质量文化则是通过内部的整合而获取外部良好形象。

7.1.2　质量文化的概念

20 世纪 90 年代，美国质量界最先提出质量文化概念。进入 21 世纪后，质量文化越来越受到各界的关注，许多质量专家都从不同角度解读质量文化。

由中国质量协会牵头起草的《GB/T 32230—2015 企业质量文化建设指南》国家标准，对"质量文化"做出如下定义：企业和全体成员所共有的关于质量的理念与价值观、习惯与行为模式、基本原则与制度以及其物质表现的总和。

质量文化是为实施质量经营提供有效支持的那一部分企业文化，企业文化应以质量为导向。质量文化可与企业文化互相融合、互相促进，企业运用广义质量概念时，质量文化趋近于企业文化。企业的使命、愿景、价值观决定了质量文化的发展方向，而这正是企业文化的核心。质量文化建设的实质在于优化和提升企业文化。

7.1.3　质量文化的表现形态

企业质量文化是由精神文化、行为文化、制度文化和物质文化四个相互关联的表现形态构成，如图 7-1 所示。

从构成的层次来看，不同层次的质量文化要素在产品质量形成过程中所起的作用虽然有所不同，但往往又不可截然分开。也就是说，不同层次的质量文化要素汇集并综合在一起，共同制约着产品质量的形成。

1. 质量意识是决定质量的根本要素

所谓质量意识，就是企业及其员工对质量的认识和情感。在企业层面，质量意识表现为企业的质量方针；在员工个人层面，质量意识表现为质量道德所确立的质量底线。可以说，质量意识是决定质量的根本要素。

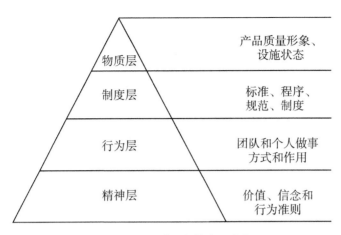

图 7-1　企业质量文化表现形态

产品的质量不仅是单一环节的产出，而是经由一系列精密流程的累积结果，涵盖了决策、设计、制造及检验等关键环节。在此背后，企业的全体员工，从基层到最高管理层，都在其中发挥着不可或缺的作用。员工的质量意识并非仅仅局限于其表面行为，而是深入渗透至每一个细微的工作环节中。因此，可以断言，员工的工作质量及其质量意识，构成了产品质量形成的核心驱动力。

如图 7-2 所示，质量意识是产品质量的起点，质量意识构成了产品质量的基石。这种意识是人的固有属性，而在企业层面，质量意识既是管理层(尤其是最高管理层)的体现，也是员工群体的集体表达。作为一种精神现象，质量意识虽然难以直观观察和量化，但其存在可以通过深入的研究和调查来揭示。企业的质量意识不仅反映在其质量方针、目标及相关的规章制度上，更明显地体现在处理质量相关事宜(尤其是质量问题)的具体行动中，而这两者之间可能存在明显的偏差。员工的质量行为是质量意识的直接展现，其背后所隐含的质量道德水平为评估其质量意识提供了重要依据。

图 7-2　质量意识对产品质量的影响过程

2. 质量文化通过质量行为展示功能

从社会学的视角看，每一种行为都可以视为某种文化的具体体现。如某一行为被长时间且频繁地重复，它逐渐塑造出特定的作风与习惯。当这些作风和习惯得以传承，它们便演变为深植的传统。企业中与质量相关的作风、习惯和传统共同构建了一种质量行为模式。通过解读这种模式，我们可以更准确地洞察企业的质量文化本质。

企业及其员工的质量行为受到双重约束：一方面是质量意识的内在驱动和制约，另一方面是质量制度的外部规范和限制。员工的行为并非完全自由自在，更不能肆意妄为。一旦员工的质量行为偏离了质量意识和质量制度的可接受范围，他们可能会遭遇反对、批评甚至制裁。质量行为与产品质量的形成有着直接的联系。质量文化通过质量行为显现其作用，而这种行为则是质量文化对员工质量意识的作用的结果。

每家企业均具备其独特的质量作风、质量习惯及质量传统，这三者共同构建了企业的质量行为模式。此模式通过潜移默化、耳濡目染的形式过程，对员工施加影响，无论是强制性还是非强制性的，都指导着员工的质量行为，使其遵循此模式进行日常工作。

在质量文化建设的过程中，必须识别并改正不良的质量作风、质量习惯和质量传统。这不仅需要通过质量教育来强化员工的质量意识，更加需要通过深化质量管理，尤其是制定正式的质量制度来规范员工的质量行为。在某些情境下，还应采用监督、评估、考核和纪律处分等手段，以遏制和根除不良的质量行为，从而重塑企业的质量作风、质量习惯和质量传统。

3. 质量制度是质量文化的直接表现

质量制度体现了企业在质量管理上的完整架构，涵盖了质量管理的体制、相关的正式规章制度，以及那些隐性的、非正式的制度，统一被称为质量制度。企业的质量意识并不仅仅是其自我宣称，而是通过对质量的实际态度来体现。这种态度在三个层级得以显现：首先是企业的质量制度，其次是企业的质量行为，最后是企业的质量形象。尽管质量行为和质量形象需要客户、社会和企业员工的共同评估，但质量制度往往直观地反映了企业的真实质量意识。

一般来讲,企业就会制定各种各样的规章制度。有关质量的规章制度,既包ISO9000要求的质量手册、程序文件、作业指导书之类,还包括与质量相关的其他规章制度,例如岗位责任制、奖罚办法等。除了成文的正式的规章制度,企业在实际运行中还存在着一些不成文的非正式的制度,即习惯或传统的做法。这样的做法可以看作企业的一种制度。不成文的非正式做法,是成文的正式制度的扩展、补充或细化,其存在合理性,而且难以完全消除。

质量制度可以对工作质量和产品质量直接起到作用。一般来说,质量意识促使员工(包括最高管理层)从内部驱动出发,对其质量行为进行自我管理和调整;而质量制度则为员工的质量行为提供了外部的规范和约束(如图7-3所示)。二者形成合力,能够确保员工的质量行为符合企业要求,从而有效地阻止或防止员工有损质量的行为发生。

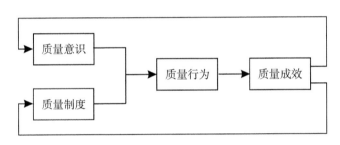

图 7-3　质量行为控制机制

企业的质量制度是质量意识的外部映射。质量制度要与质量意识相协调。质量意识不强,即使把成文的正式的质量制度写得再好,往往也是没有作用的,真正起作用的还是与质量意识相协调的质量制度。员工的质量行为一旦与质量制度不相符,就会受到来自企业组织的或其他员工的责难,甚至处罚,迫使其纠正,让其质量行为回到质量制度所允许的范围中来。这样的责难或处罚可能是正式的,例如批评、考核之类;也可能是非正式的,例如舆论、孤立之类。在很多情况下,后者的作用甚至大于前者。如果说质量意识是企业质量文化的内核,那么质量制度就是企业质量文化的直接表现。

4. 产品质量是质量文化的最终物质载体

质量文化物质载体包括三个方面的要素。

　　一是企业的物质条件。企业要生产符合质量要求的产品，必然要有相应的物质条件，包括相关的设施、设备、原料、材料，特别是与质量直接相关的设施、设备、原料、材料。从这个角度来说，企业所有的物质条件，都可以成为构成企业质量文化的物质要素。

　　二是企业生产的产品。产品是企业质量文化的最终载体，如果产品质量不好，质量意识再强，质量制度再完善，企业的物质条件再优越，也不能说明企业的质量文化是先进的。企业质量文化建设落脚点在于产品质量。顾客和社会往往都是根据产品质量来感受企业质量文化。

　　三是企业开展的各种质量活动。企业经常开展诸如质量宣传、质量教育、质量评议、质量管理小组、质量控制点、质量改进、质量现场会、质量访问、质量分析会、废次品展览、质量报告会、质量征文、质量先进评选之类的质量活动，可以形成强烈的质量文化氛围，从而成为质量文化的重要构成要素。这样的氛围，是产品质量形成最重要的人文环境，随时随地影响着员工的心理和行为，使他们能够经常接触到与质量相关的事情，促使他们提高自己的质量意识，规范自己的质量行为，从而保证自己的工作质量达到规定的要求。对一个基础设施相对较好、质量管理相对完善的企业来说，质量文化建设更多通过开展质量活动来进行改进和提升的。

　　质量文化四个层次方面的内容虽然各有侧重，但是一个统一的整体。没有相应的质量意识，就不可能有相应的质量制度。即使制定了一套完整的质量制度，没有严格的质量行为或活动来执行，产品质量得不到保证。

7.1.4　质量文化的基本特征、功能和作用

1. 质量文化的基本特征

　　(1)时代性。质量文化并非孤立于时代背景之外。它需要紧密地反映时代的进步和要求。随着社会的发展，质量的标准和期望也在不断地变化。尤其是在技术飞速发展的现代，质量的定义、概念和管理方法都在经历着深刻的演变。因此，优秀的质量文化应当能够灵活地适应这些变化，同时也要积极地吸纳质量管理的最新发展和创新。

（2）独特性。每个企业都有其独特的历史、背景和经验。这些因素共同塑造了企业的质量文化。正因为如此，即使在相同的行业中，不同的企业也会有各自独特的质量文化。这种独特性是企业竞争力的一个重要组成部分，因为它体现了企业对质量的独到理解和追求。

（3）目的性。质量文化有着明确的目标和任务，那就是培养和强化员工的质量意识，促进质量行为的规范化，从而提高企业的整体质量竞争力。这种目的性使得质量文化成为企业战略的核心部分。

（4）可塑性。质量文化并不是一成不变的。它是在企业的历史发展过程中逐渐形成的，受到了企业传统文化的影响和积淀。同时，优秀的企业会有意识地塑造、调整和完善自己的质量文化，使其更加适应当前的市场和业务需求。

（5）开放性。质量文化不应该是封闭的。为了保持其活力和适应性，企业需要与外部环境进行广泛的交流和互动。这包括与社会的质量文化进行交融，学习和吸收行业内外标杆企业的最佳实践，以及与企业内部的其他子文化进行互动和促进。这种开放性确保了质量文化的持续创新和进步。

2. 质量文化的功能

（1）导向功能。质量文化在企业内部起到了指南针的作用。优秀的质量文化不仅确保员工的个人价值观与企业的核心价值观相契合，而且确保他们的行为与企业的长期战略目标一致。这种一致性为企业创造了一个协同工作的环境，使得每个员工都能够为企业的整体发展和竞争力提升而努力。

（2）凝聚功能。质量文化是企业的黏合剂。当员工深入理解并认同企业的质量价值观、方针、目标和行为规范时，他们之间的团队合作和凝聚力会得到显著增强。这种深度的认同感使得员工更加团结，共同为企业的目标而努力。

（3）约束功能。质量文化体现了企业全体人员共同的质量信念和价值取向，体现了对于质量价值观和规章制度的认同感，因此，质量文化对于企业整体和每个成员都具有约束和规范作用。

（4）激励功能。质量文化可以激发其强烈的质量意识和工作责任感。质量文化是员工动力的源泉。当员工看到他们的努力被认可，当他们看到企业的质量文化与他们的个人价值观相契合时，他们的质量意识和责任感会得到显著增强，从而更加投入工作。

（5）辐射功能。企业的质量文化不仅局限于企业内部，它还与外部社会环境相互作用。优秀的企业质量文化不仅能够吸收外部的优良实践，而且能够对外部环境产生积极的影响。当企业的质量文化被广泛认可和尊重时，它可以为整个社会创造一个更加注重质量的文化氛围。

3. 质量文化和质量管理

质量文化是质量管理的基石。质量文化通过深入人心的价值观和坚定的信念来得到加固和扩展。这些价值观和信念为企业提供了方向和目标，为员工提供了行为的准则。

例如，全面质量管理（TQM）的理念强调了全员参与、以顾客为中心、团队合作和整个生产过程的控制。这种理念认为，只有将质量放在生产和经营管理的核心位置，才能实现最大的效益。这些核心价值观和信念不仅影响企业的内部运作，还对外部社会环境产生深远的影响，进而塑造和推动社会的质量文化。

如果一个企业缺乏这些核心价值观和信念，那么它很难实施全面质量管理，更不用说培育和维护优秀的质量文化。因为质量文化不仅仅是一套规章制度或流程，它更多地涉及人的行为、态度和习惯。为了确保组织内的每个成员都能养成良好的质量行为和习惯，关键在于塑造和培养积极的质量文化。这样的文化可以激励员工自觉地追求卓越，持续改进，从而达到"以文化人、文化自觉"的理想状态。

7.2　企业质量文化与社会质量文化的关系

企业质量文化与社会质量文化之间存在深厚的联系和互动。企业质量文化是社会质量文化的一个重要组成部分，它反映了一个企业在质量管理、价值观和行为准则上的特定理念和实践。而社会质量文化则是组织、行业和国家在质量追求上的共同信仰和实践。

这两者之间的关系可以比喻为局部与整体的关系。就像一个机体的各个部分与整体之间的关系，每个部分都对整体的健康和功能起到关键作用，而整体的状态也会影响到每个部分的功能。

企业质量文化与社会质量文化之间既存在相互制约的关系，又相互促进。社两者之间的相互制约表现为：社会质量文化为企业的质量文化设定了一个基准或标准。如果一个企业的质量标准低于社会的期望，它可能会面临消费者不满、销售下滑甚至法律制裁。社会的价值观、法律和消费者期望都会对企业施加压力，要求其维持或提高其质量标准。大型企业或行业领导者通过其产品和服务质量标准，可能会影响整个行业或市场的质量期望。如果这些企业采用较低的质量标准，它可能会降低整个市场的质量期望。

两者之间的相互促进表现为：一个高质量的社会文化环境会鼓励企业提高其标准，以满足消费者的期望。这种环境可能会激发企业的创新和改进，使其追求更高的质量。当企业采用并推广高质量的标准和实践时，它们为社会设定了一个示范效应。其他企业可能会受到启发，进而提高自己的质量标准。此外，高质量的产品和服务可以提高消费者的生活质量，从而推动整个社会的质量文化向前发展。

7.2.1 社会质量文化对企业质量文化的制约

社会对产品和服务质量的需求在不断演变和增强，这种需求不仅仅关乎产品本身，还包括了生产过程、环境责任、可持续性等方面的质量标准。社会对质量的需求体现了一种质量意识的崛起，促使了社会质量文化的形成。

社会质量文化是指整个社会对于质量价值和原则的共识和认可。它反映了社会的价值观和期望，以及对高质量产品和服务的渴望。社会质量文化的特质包括对创新的支持、对诚信和透明度的要求，以及对社会责任的重视。这种文化不仅仅影响了消费者的购买决策，还塑造了企业的行为和价值观。社会质量文化对企业质量文化产生积极或消极的影响，主要表现在以下几个方面。

第一，社会质量文化为企业质量文化建设提供了必要的文化背景。

企业与社会密不可分，其员工都来自社会，生产的产品也必须在社会中获得认可和接受。企业的产品必须满足社会对质量的需求，包括严格遵守质量法律法规的规定。在一个充斥着假冒伪劣产品却未受到制裁的社会质量文化环境下，企业单独倡导"质量第一"的理念几乎是不可行的。相反，如果社会质量文化水平已经显著提高，企业若继续坚持旧有的质量理念和质量方针，很可能会被市场所淘汰。

社会质量文化为企业提供了一个重要的背景和框架，强调了企业与社会之间的相互关系。企业需要积极响应社会对质量的要求，与之保持一致，以确保其产品和服务在市场上保持竞争力并获得持续的成功。在不断演变的社会质量文化中，企业需要灵活适应，并积极推动质量标准的提高，以保持竞争力。

第二，社会质量文化为企业质量文化建设提供了明确的方向。

要在市场竞争中获得优势，企业必须确保其产品质量满足社会的需求。社会质量文化反映了社会对质量的需求以及这些需求的发展趋势。这种需求及其发展趋势指引着企业质量文化建设的方向。只有紧跟这些需求的步伐，企业的质量文化建设才能真正产生实际效果。反之，如果仅仅出于形式而建设质量文化，或者仅仅因为建设而建设，不仅毫无意义，还可能对企业造成损害。在一个强调"耐穿耐用"的质量理念时代，将"以顾客为关注焦点"的质量理念和全面质量管理方法引入企业几乎是不可能的。反之，如果社会质量文化理念高度关注安全和健康，而企业仍将合格标准作为唯一的质量定义，那么企业也将无法跟上社会发展的步伐。

社会质量文化不仅是企业质量文化建设的指导方向，还是企业保持竞争力的关键。企业应积极倾听社会的需求，灵活调整自己的质量文化，以满足社会的期望，确保产品和服务在不断变化的市场环境中具备竞争力。只有这样，企业才能在社会质量文化的引领下实现持续的成功。

第三，质量法制对企业的质量文化建设产生深刻影响。

质量法制不仅仅包括与质量相关的法律法规，还承载着社会的法治理念、法治意识以及执法实践。企业的质量文化建设必须在相应的质量法治环境中展开。通常情况下，那些具备明确的质量文化建设意识的企业往往拥有坚实的质量文化基础，其质量理念和质量方针往往高于一般企业水平，质量管理体系也较为完善。然而，企业作为盈利性实体，同时也是社会的一部分，不可抽离整个社会的质量法治环境。企业必须遵守相关的质量法律法规要求，甚至在其内部的质量标准超越国家质量法制的规定。

随着国家法治建设的不断完善，企业的质量文化建设也将更加深刻地融入质量法制的要求之中。这将促使企业更加积极地适应并执行质量法治环境中的各项规定，确保其产品和服务的质量达到国家和社会的期望标准。这种对质量法制的紧密关注有助于提高企业的法治意识，使其在质量文化建设中更具责任感和合规性。综合来看，质量法制是企业质量文化建设的不可或缺的一部分，它反映了企业与社会法治框架之间的紧密联系，同时也在不断塑造着企业的质量文化和行为准则。

7.2.2　企业质量文化对社会质量文化的推动

从质量文化概念的产生来看，起初是企业质量文化的出现，而后才逐渐形成了社会质量文化的概念。在社会质量文化的概念出现之前，社会质量文化已经存在于社会生活中，并对企业质量文化的形成和建设产生了深刻影响。当企业质量文化逐渐发展到一定程度时，人们才开始关注社会质量文化，才形成了对社会质量文化的认知和概念化。这一现象的背后有两个主要原因。第一，随着企业质量文化建设的不断发展，企业必然会寻求突破其内部范围，采取各种方式将其质量文化推广至包括顾客、供应商和其他相关方在内的社会范围，从而促进了社会质量文化的发展。第二，企业质量文化的不断壮大直接推动了整个社会产品质量水平的提高，为社会树立更高的质量意识和加强质量法治建设提供了实际的物质基础，进一步推动了社会质量文化的建设。

这种相互促进的过程使得企业质量文化与社会质量文化之间形成了一种协同作用，不仅有助于企业提升其质量标准和声誉，还有助于整个社会更加关注和重视质量问题。因此，企业在发展自身质量文化的同时，也在推动社会质量文化的建设，实现了双赢的局面。

企业质量文化的改变，通过提高产品质量，推动了社会质量文化的改进。只有在生产方式有了巨大的进步之后，社会质量文化的问题才凸显出来，人们才开始认识到需要全社会通力合作，建立一种积极向上的合理质量文化，以促进产品质量更快地提升。在过去的40多年里，我国社会质量文化经历了翻天覆地的变革，这与我国的改革开放步伐同步，与我国的生产方式改进也同步，这一过程也从一个侧面反映了我国产品质量的发展和提升。

从狭义的角度来看，我国现代企业质量文化建设始于改革开放之后。自20

世纪 70 年代末引入全面质量管理(TQC)以来，企业的质量管理方式发生了根本性的变革，尽管当时还未明确提出质量文化的概念，但实际上，质量文化建设已经悄然展开。这一变革通过质量教育、质量奖惩、质量制度和质量保证体系等方式，逐渐影响了社会的质量文化。

然而，直到 20 世纪 90 年代，随着 ISO9000 标准的推广，企业逐渐确立了一种相对固定的质量文化模式，才引起了社会对企业质量文化建设的更多关注。这一变化迅速传播到社会质量文化中，具体体现在以下几个方面：第一，社会对质量的需求显著提升，人们开始追求更高的产品质量；第二，社会的质量法治建设得到强化，质量相关法规得以完善；第三，社会的质量道德观念发生了巨大改变，人们对假冒伪劣产品的容忍度大幅下降。人们逐渐认识到，质量问题不仅涉及企业和消费者，而且对整个社会都具有深远影响，高质量产品的普及使得整个社会受益。相反，质量不佳可能对整个社会造成损害。企业在质量管理方面逐渐认识到，除了顾客外，其他相关方也对企业至关重要，并采取了措施确保其他相关方也能享受到高质量带来的益处。

这一发展过程表明，企业质量文化建设的每一次重大进步都对社会质量文化产生了积极推动作用，强调了质量的重要性，并激发了社会对质量问题的更多关切和重视。

7.2.3　企业承担着构建社会质量文化的责任

产品的质量与企业内部的质量管理紧密相关，而企业在社会中扮演着塑造社会质量文化的主体角色，因此，企业肩负着重要的社会责任推动社会质量文化的建设。

第一，企业应强化自身的质量文化建设，通过建立完善的质量管理体系、培养员工的质量意识和提高质量教育水平等方式，提升产品质量。这不仅有助于满足市场需求，还能够促进社会对高质量产品的追求。企业的质量文化理念和道德标准可以深刻影响员工和合作伙伴，从而提升社会对质量的认知和价值观。

第二，企业应主动承担社会质量责任，不仅要满足法律法规限定的最低质量标准，还应在产品和服务质量方面追求卓越。这意味着企业需要提升自己的质量承诺，以满足社会对高质量产品和服务的期望。企业的社会质量责任不仅包括合格的产品，还包括对社会的积极贡献，例如通过产品创新、环保举措以及社会公益活动等方式。

第三，企业可以积极参与社会质量文化建设，为社会提供资金、技术、专业知识等支持，以促进社会质量文化的营造。企业可以与教育机构、研究机构和非营利组织合作，共同推动质量教育和培训项目，从而提高社会对质量的认知水平。此外，企业的参与可以帮助创建一个有利于质量文化建设的环境。

总之，企业在履行社会质量文化建设责任时，应注重自身的质量文化建设，提升对社会的质量承诺，积极参与社会质量文化建设，为社会质量文化的不断进步做出积极贡献。这种积极参与不仅有助于企业树立良好的社会形象，还有助于整个社会对质量的认知和关注的提高，促进了社会质量文化的进一步发展。

7.3　出版企业质量文化建设的实践现状与原因

出版企业存在的人文意义在企业的社会责任感、出版理念、企业形象、出版物和市场营销等各个方面打上鲜明的印记，是影响读者选择并认同出版文化企业品牌的一个重要因素。顾客对于出版物的选择，从一定程度上说就是文化的融合和认同。随着出版企业产品和服务不断推广，在更大范围内将其凝聚的文化追求和人文精神延伸到整个社会，达到与广大读者及社会文化的价值共振，形成更大的情感共鸣，更强烈的认知力量。

长期以来，我们在企业文化和人文精神建设方面存在着种种缺失，造成了众多出版企业的文化精神疲软症，一些出版企业存在着"文化空壳"的现象。相当多的出版企业重工具理性而轻价值理性，不能正确处理好文化追求和经济追求的关系，漠视了出版业的舆论导向和社会教化功能，在纷纷扰扰的功利化现实面前，缺乏应有的理性深度和人文情怀，既没有参与市场竞争的经济思维，又缺乏担当文化传播重任的奉献品格，陷身于低层次的、短期的、媚俗的汪洋，孜孜于低水平的出版注水、品种跟风和价格竞争。而在实践中我们看到，那些具有无时不在、无处不在的宏大文化使命以及深厚文化底蕴的企业才具有旺盛的生机和活力。

7.3.1　出版企业质量文化建设的实践现状

没有好的质量文化与出版企业的发展同步，就不能称其为现代意义的出版文化企业，也不能在国内外激烈的市场竞争中站稳脚跟。我国大多数出版企业在建设企业文化时将企业质量观或者质量理念作为其中的一部分内容，没有对质量文化进行系统诊断、策划和建设，对质量文化进行系统研究的不多。我国出版企业质量文化建设的实践现状表现为如下几点。

1. 出版企业质量文化的原生态性

对于绝大部分出版企业来说，其质量文化自诞生以来就一直处于"自为"状态，几乎没有得到任何刻意的培育，其演化路径完全是内外部环境造就的结果。导致这种状况的主要原因是出版企业缺少现代企业管理的经验，对质量文化知之甚少，不了解质量文化的功能和作用。因此出版企业对质量文化的演化基本上是不闻不问，顺其自然，如此形成的质量文化就如同原始森林中的小树木，呈现出原生态性。

2. 出版企业质量文化的低层次性

由于出版企业对质量文化作用和功能的认识有限，使得其在质量文化建设上的少作为或者甚至不作为，而这种少作为或者不作为使得质量文化在企业只能停留在较低层次的日常运作层面，始终不能上升到组织的战略层面。

3. 出版企业质量文化的相对落后性

出版企业的质量文化在制度、行为和物质层面都较为落后，如许多企业的质量追求还停留在符合性上，质量理念还停留在事后检验上，没有树立预防为主和持续改进的质量观；许多企业的质量制度不仅缺乏科学性和可操作性而且常年不变。总而言之，与国家、社会对于出版企业的发展要求相比，出版企业的质量文化还相对落后。

4. 出版企业质量文化的表面性

21 世纪以来，随着质量管理影响的不断扩大，许多出版企业也加入质量管理行列，但从现实来看，引入质量管理机制并没有从根本上改变出版企业的质量文化氛围。质量管理和控制在出版企业常常局限在编校环节，有的企业虽然也确定了质量方针和目标，但这些方针和目标大多是从其他企业移植来的，难以真正指导出版企业的质量活动。例如，在许多出版企业看到的质量记录本该是第一手的原始记录，但事实上它们早已失去其应有的"原始"特征，是被少数人"加工"后的预期"产品"。

总体来说，出版企业的质量文化建设相对落后，这在很大程度上是由企业的背景、历史、性质和规模所导致的。然而，诸多研究也表明出版企业这一类中小企业本身也具备管理幅度小、企业转型灵活、思想统一相对容易等文化建设的有利面。谈及企业质量文化也不能脱离企业所处的社会环境，消费者的质量意识和政府导向会对企业质量文化建设起到巨大的影响。质量观和质量文化本身随社会的发展而动态演进，广大出版企业作为社会的重要组成部分其质量活动也会影响社会文化的发展。可以预期，出版企业的质量文化建设必将随着社会文化的进步和科技发展而走上更高的层次。

7.3.2 出版企业质量文化建设落后的原因

1. 出版企业缺乏现代企业经营管理的理念和经验

这是由我国出版业的历史发展过程导致的。由于出版产品的精神文化属性，改革开放前，仅仅把出版单位作为宣传机构的做法，极大地制约了出版社的积极性、自主性和创造性。20 世纪 80 年代，国家将出版社定性为事业单位、企业化管理，要求出版社必须由生产型向生产经营型转变，但这种体制的最大问题在于它还不是真正的企业，不是按照现代企业制度和现代公司治理结构组建的，没有成为真正的市场竞争主体。党的十六大之后，中央明确提出了出版单位都要进行转企改制，要按照《公司法》要求，加快产权制度改革，完善法人治理结构，建立现代企业制度，成为真正的市场主体。转企改制以后，出版企业内部形成富有效率的微观运行机制，增强了活力和竞争力，但是与引入现代管理制度和理念较早的行业相比，出版企业的现代企业经营管理的理念和经验还是相对缺失的，而质量管理又是现代企业经营管理中至关重要的一部分。

2. 出版企业建设企业质量文化的意识不够明确

出版组织缺少对质量文化元素的系统总结和提炼，不能形成对现实工作和组织行为的明确指导。原因有三方面：一是体制方面出版企业长期属于事业单位、企业化管理，相较于其他企业，出版社并不具备应有的自主权。出版社想要真正走向市场，还有一定的困难。二是出版产品的特殊性，出版企业既有一般行业的属性或产业属性，又有意识形态的特殊性，既属于大众传媒又是党的思想宣传阵地。三是管理方面，出版企业的劳动、人事和分配"三项制度"未能很好地适应企业自主参与市场竞争的需求，经费投入不足和专业人才匮乏，客观也限制了企业质量文化的培养。

3. 质量文化建设没有成为一项有组织的系统性活动

根据调查，不少出版企业虽然有意愿与积极性开展质量文化建设，但是组织的最高管理者对于如何在组织内有效开展工作缺乏清晰的思路，没有明确的推行计划；在质量管理的机构设置上，缺少归口管理部门；在人员安排上，未能实现全员参与，大部分员工参与度不高；在质量文化的定位上，企业未能辨识属于自己的独特价值观；在质量规章制度的实施上，员工觉得企业的质量理念体系庞杂，使文化无法真正发挥作用。

因此，本章的研究旨在构建一个适用于出版企业质量文化建设的模式，为广大出版企业提供建设质量文化的"路线图"，使出版企业的质量文化建设成为一项有目的、有意识、有计划的系统性活动。

7.4　出版企业质量文化建设的路径和模式

企业要生产经营，自然状态下就会具有某种质量文化。质量文化为企业的生产质量的形成提供了必需的环境条件，显然，这种条件越优越、越充分，产品质量就越能得到保证，越有可能提升。只要能够满足企业生产经营的质量要求，能够为企业的生产经营提供相应的支撑，其质量文化就是适宜的。因此，不能简单地说自然状态的质量文化就不好。出版企业在长期的生产经营过程中，哪怕没有主动进行质量文化建设，其质量文化也以自然状态存在。然而，进入数字化高速发展的时代，市场变化日益剧烈，顾客对质量的需要和期望日益上涨，自然状态下的质量文化已难以适应时代对质量的需求，主动加强质量文化建设已经成为出版企业增强竞争力的一条重要途径。

自然形成的质量文化，往往没有坚实的理论基础，没有明确的质量文化建设的目标。更没有经过有意识的自然文化建设的过程，因而往往是脆弱的、易变的，很容易受到干扰和冲击，从而失去对产品质量的保障和促进作用。

7.4.1　从战略角度进行质量文化的顶层设计

质量文化建设的动力来自企业自身，当出版企业面临融合发展的重大转折，企业内外部环境(特别是有关质量的环境)发生了巨大的变化，生产经营模式迎来了新的变革，企业经营发展战略需要重新制订时，将质量文化建设提上议事日程，具有一定的战略性。

1. 质量文化是出版企业质量战略的重要支撑

既然具有战略性质，出版企业要进行质量文化建设，首当其冲要做好质量文化的顶层设计。在进行质量文化建设之前，出版企业或多或少已经有了自己自然形成的质量文化，从战略上进行顶层设计，给质量文化的改变和发展提供一个明晰的方向或明确的目标，可以起到如下几方面的作用：一是可以引导质量文化的改变和发展，二是可以减少改变和发展中可能遇到的抵制、挫折和失败，三是可以降低质量文化建设的成本从而获得更大的效益，四是可以让质量文化更加适合企业经营发展战略的需要。

战略本来是一个军事术语，是指导战争的全面计划和策略，人们通常用来比喻决定全局的策略。按 ISO9000：2015《质量管理体系 基础和术语》的定义，战略是"实现长期或总目标的计划"。质量是企业的生命，是企业兴旺发达的基础。

如果企业有自己的经战略，那么质量就应当是经营发展战略的重要内容，甚至是其主要的成分。企业的经营发展战略如果不包括质量方面的内容，不确定质量与经营发展总目标的关系，是不可想象的。把经营发展战略中有关质量的部分独立出来，也就是我们通常所说的质量战略。实际上，相当多的企业，其经营发展战略主要就是质量战略，甚至有的企业就直接就用质量战略代替了经营发展战略。

质量文化是企业质量战略的重要支撑。一定的质量战略，需要有一定的质量文化来支撑。没有质量文化的支撑，质量战略就可能虚无缥缈。反过来看，质量文化如果不能为企业的质量战略服务，为建设而建设，质量文化就可能成为装饰门面的遮羞布。即使艳丽，即使炫耀，也没有多少实际作用。因此，质量文化建设不能脱离企业的质量战略，要从战略的高度来认识质量文化，来进行质量文化的顶层设计，让质量文化更好地从属于质量战略，更好地服务于质量战略的需要。

2. 从战略角度来考虑出版企业质量文化建设

（1）根据战略发展的需要来设计质量文化，是出版企业在追求长期发展的必要步骤。通常情况下，自然形成的或既有的质量文化可能已经适应了企业当前的运营需求，但却未必能满足企业战略发展的要求。因此，有必要从战略角度重新审视企业的质量文化问题。这意味着深刻理解和重新审视企业的质量战略，以便更好地设计与之一致的质量文化。这种重新审视可以确保质量文化的建设具有方向性和针对性，与质量战略紧密衔接，为企业的长期发展提供有力支持。

（2）在选择质量文化模式时，应根据企业的经营发展战略和质量战略所确定的目标来进行。不同类型的出版企业可能会有不同的经营重点。如果企业的战略着重于创新，那么质量文化应更侧重于在选题开发和设计过程中的质量建设，以确保创新成果的质量。而对于那些追求持续发展和卓越绩效的企业，质量文化则需要更加注重质量控制和改进，以确保产品和服务的一致性和卓越性。

（3）质量文化建设必须与出版企业的经营发展战略以及质量战略的实施相融合。质量文化不能独立存在，它应该贯穿企业的日常工作，并与企业的质量管理体系紧密结合。从形式上看，质量文化建设是质量管理工作的一部分，应贯穿所有质量管理活动。从内容上看，所有的质量管理工作都应该被视为质量文化建设的一部分，因为它们共同构成了塑造企业质量文化的基石。这种融合确保了质量文化建设不仅仅是一项理论概念，更是贯穿于企业实际经营中的实际行动，为实现战略目标提供了坚实的支持。

　　根据企业的经营发展战略和质量战略确定的质量文化建设方向，需要与经营发展战略和质量战略的实施同步进行，以满足经营发展战略和质量战略的需求和要求，推动质量文化建设。在质量文化传播方面，应积极宣传企业的经营发展战略和质量战略，以这些战略所确定的质量目标来提高企业及其员工的质量意识。在制度文化建设方面，必须摒弃、改进或提升那些与企业经营发展战略和质量战略不符的旧制度，包括质量体制以及那些不成文的非正式规定，尤其是潜规则。在行为文化建设方面，应形成一套与经营发展战略和质量战略相协调的新行为模式。在物质文化建设方面，必须增加必要的质量设施投入，并积极开展必要的质量活动。企业应通过实施经营发展战略和质量战略来追求提升产品质量、更新企业形象以及改善品牌形象，从而获得持久的市场竞争优势。

7.4.2 出版企业质量文化建设模式的框架与内容

1. 出版企业如何构建质量文化建设模式

　　全面质量管理作为一项半个世纪来被各国企业争相实施的战略举措，其实施的有效性已经明显受到了企业文化的影响，尤其是企业文化中与质量休戚相关的部分，也就是企业质量文化的影响。在全面质量管理理论中，当组织运用"大质量"观时，则质量文化趋近于企业文化。也就是说，质量文化是企业文化的组成要素之一，其主要功能在于为有效实施质量经营提供支撑和指导。

　　通过对各种管理标准提出的管理模式进行研究与分析，结合出版企业质量文化建设实践，本章确定将质量文化的四个维度作为出版企业构建质量文化建设模式的主要参照依据。需要强调的是，质量文化建设没有统一的模式可以遵循。本章探讨的是创建一个具有共性的质量文化建设模式，以便广大的出版企业应用。

2. 出版企业质量文化建设模式的基本框架和内容

　　出版企业质量文化建设模式包含四个模块：质量文化精神层建设、质量文化制度层建设、质量文化行为层建设以及质量文化物质层建设。在质量文化建设中，这四个模块之间相互作用、相互影响，如图7-4所示。

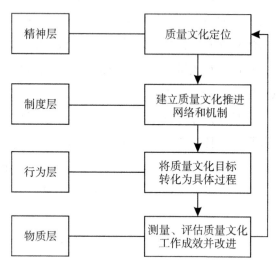

图 7-4　质量文化建设模块

　　出版企业质量文化建设路径，从质量文化的精神层、制度层、行为层、物质层四个模块着手，具体的框架内容如表 7-1 所示。

表 7-1　　　　　　　　　　出版企业质量文化建设框架和内容

框　架	内　容
精神层	质量意识
	质量方针
	质量道德
制度层	质量体制
	质量规章制度
	非正式质量制度
行为层	质量行为模式
	质量活动
物质层	质量设施
	质量形象

7.4.3　出版企业质量文化精神层建设

1. 质量意识建设

一般来讲，企业进行质量文化建设首先应当从精神文化着手，从提升企业及员工的质量意识着手。为什么要从精神文化着手呢？在进行质量文化建设之前，企业已经有了自己的质量文化，也有了自己的质量精神，这既体现在企业的质量方针，也体现在企业及员工的质量意识上。然而这种质量意识不一定适合企业经营发展战略的需要，于是企业才提出了质量文化建设的任务。

（1）质量意识对质量起着决定性作用

意识是人类头脑对于客观物质世界的反映。企业的质量意识则是在其长期的生产经营活动中逐渐形成，并被广泛内化于员工之中，代表了企业及其员工对质量相关事务的认知和情感体验。这种质量意识直接引导企业及其员工在质量领域的心理活动，塑造他们与质量相关行为的模式。质量意识不仅体现在企业的质量方针中，成为组织行动的指导原则，还在员工的质量道德中树立了不可逾越底线。

朱兰博士曾经把工作差错分为有意差错、无意差错和技术性差错。几乎所有的工作差错都与员工的质量意识相关，当质量意识不够强烈时，员工可能会出现粗心大意、违反纪律、忽视检查、不履行职责，甚至故意做错的情况。

坚持正确的出版方向，坚持为人民服务、为社会主义服务的方针，牢牢把住质量关，为广大人民群众提供优秀、丰富的文化产品，是出版单位和出版从业人员的使命。质量意识的培养，需要出版组织从上到下的高度重视，需要质量管理机构进行有计划、多方位、多形式的安排和组织。最高领导者重视是做好质量管理工作的重要前提和保障。开展以树立质量意识为主要内容的"讲质量立诚信""提升出版能力"等质量专项活动，可以进一步强化员工的质量意识。落实责任编辑制度，明确责任编辑的资质，使责任编辑资格与发稿权紧密联系在一起，所有质量奖惩均落实到责任编辑，可以使编辑的质量意识明显提高。

（2）增强和提高员工的质量意识的途径：质量教育和质量实践

质量教育的主要目标是促使员工形成、巩固和发展质量意识。

首先，企业必须创造出一个良好的质量氛围。即使进行了大量的质量培训，如果企业缺乏相应的质量战略，不注重质量控制，甚至频繁地将不合格产品推向市场，那么这些培训就无法发挥作用。企业应该制定明确的质量方针，确立激发士气的质量目标，建立严格执行的质量制度和程序。即使没有培训班，员工也应该能够感受到企业对质量的要求。这才是最基本、也是最有效的质量教育方式。举例来说，出版企业的最高领导者可以在多种场合多次强调以下关键观点：出版物必须始终坚守正确的出版导向，将社会效益置于首位，并坚决否决存在导向问题的选题；必须坚持长期品牌建设高于短期效益的原则，并始终将质量置于优先位置；出版企业应当积极传承和弘扬工匠精神等价值观念。

其次，企业必须高度重视日常的质量教育工作。质量的提升和服务的质量不可能通过突击或短期运动来实现，因此，质量教育必须成为企业日常经营的重要组成部分。无论何时，只要生产活动在进行，就必须伴随着质量教育的开展。

再次，企业应高度重视质量问题的反思教育。一旦出现质量问题，组织内部应该认真分析出现问题的根本原因，明确责任分工，并制定纠正措施。这不仅是质量教育的重要内容，还是质量教育的关键形式。在必要的情况下，应采取适当的行动，不论是解决小问题还是引发大改革，都有助于取得质量提升效果。

2. 质量方针建设

质量方针是质量文化定位中的第二环节，其目的是在明确企业使命、愿景和价值观的基础上，清晰地规定企业期望实现的质量文化建设目标和结果。质量方针常常作为企业质量文化建设的具体体现，用以界定质量文化的方向和期望成果。

（1）质量方针是企业关于质量的行动指南。质量方针指导着企业日常的质量决策。质量方针应当如实地反映企业对质量的认识、质量在企业生产经营中的地位、企业追求的质量目标。在实际运作中，企业通常存在两种形式的质量方针。一种是"正式发布"的方针，其主要面向外部，包括员工、客户、政府机构、媒体等多方。虽然这一方针可以被执行，但实际执行的程度、范围、对象、时间和地点可能有所不同。另一种是隐性的、潜规则性的、难以直接用语言表达的"实际质量方针"，通常表现为企业对质量问题的态度，尽管难以明文规定，但员工可以感知。我们将这种质量方针定义为实际质量方针。与公开发布的质量方针相比，实际质量方针对员工的影响更加深远，甚至会对企业的产品质量和质量管理水平产生直接影响。当两种质量方针之间差距较小时，可能不会出现大问题。但如果它们之间存在显著差异，尤其是在实际内容上存在较大差异时，正式发布的质量方针可能会失去实际影响力，变得只是形式上的象征，仅用于应付审核等程序，对企业无益甚至有害。

(2)质量方针是企业质量管理体系的灵魂和核心。质量方针的存在和制定具有至关重要的意义。在建设质量管理体系的过程中，制定质量方针是一个关键的环节。质量方针不仅是对内部员工的一个承诺，也是对外部利益相关者的一种表态。它要明确企业对质量的理念和价值观，反映出企业对质量的高度重视和承诺。质量方针告诉员工和管理层应该如何在日常工作中对待质量问题，如何努力追求卓越的质量表现。可以说，质量方针的制定是质量管理体系建设的关键一步，它为质量管理体系注入了活力和生命力，使其能够有效运行并不断取得进步。

(3)质量方针是企业质量文化建设的核心和重要组成部分。它在质量文化建设中具有多重作用。首先，质量方针可以用来增强和提高员工的质量意识。通过明确和传达企业对质量的重视和期望，质量方针可以帮助员工树立正确的质量观念，使他们更加关注和重视质量相关事务。其次，质量方针可以指导企业的质量制度建设。它可以用来改变不符合质量方针需要的质量体制，促使企业修订或制定成文的正式质量制度，以更好地支持质量文化的实施。同时，质量方针还可以纠正或提升不成文的非正式制度，确保它们与质量方针保持一致。再次，质量方针是指导企业质量行为建设的重要指南。它可以用来明确企业对质量行为的期望和要求，引导员工在日常工作中如何处理质量相关的问题，推动他们采取积极的行动来改进和提升产品或服务的质量。最后，质量方针也具有指导企业质量文化物质建设的作用。它为企业提供了一个指导思想，帮助企业确定投入质量文化建设中的资源和措施，以确保质量文化在物质层面得到有效的支持和实施。因此，质量方针在企业质量文化建设中起着重要的引导和推动作用。

(4)质量方针规定了企业的质量底线。质量管理要求企业在考虑顾客和相关方利益法律法规要求以及产品质量的风险等情况下，来选择质量管理体系的模式，甚至规定可以对相关要素进行增删裁减。质量方针关乎企业质量的宗旨和方向，应当真正反映企业对质量的认识、质量在企业生产经营中的地位、企业追求的质量目标，最重要的是给企业处理质量问题画一条底线。例如，遇到诸如畅销书经济效益突出而社会效益一般、生产流程时间有限冲击质量时怎么办？发现产品出现质量问题怎么办？以什么原则来处理不合格品？等等。质量方针一方面是从正面引导企业努力，另一方面是从负面来限制企业的质量行为，防止企业及其员工突破质量底线。

3. 质量道德建设

质量道德是一般道德在质量领域的体现，又是质量意识在道德领域的体现。质量文化建设最重要的是要守住底线，这条底线在精神层面的表现就是质量道德。因此质量意识和质量方针建设的落脚点都应当放在质量道德建设上来。

（1）质量道德是道德与质量要求的结合

道德是社会意识形态之一，一定社会阶段形成的通过舆论约束人们言行的准则和规范。道德在不同的领域有不同的表现。职业道德是道德在职业领域的表现，公共道德是道德在公共领域的表现，那么质量道德是道德在质量领域的表现。

在实践中，员工质量意识到形成始于进入企业初始阶段对生产（质量的形成过程）的认识，这时员工也就具备了相应的质量意识。这种朴素的、朦胧的、简单的质量意识，经过来自外界的质量要求（企业、顾客）的"洗礼"，将转化为员工的质量道德。也就是，当道德与来自外界的质量要求结合在一起，可以促进其质量道德的形成、巩固和发展。

质量道德不仅是员工个体的言行准则，而且是企业质量行为的规范。出版企业在对效益的考量中，应当始终坚持将社会效益放在第一位，如果一味盲目追求经济效益，出版不符合质量规范、不符合社会文化发展要求、不符合出版企业社会责任的图书产品，本质上是一种质量道德恶劣的行为。

（2）把质量意识教育落实到质量道德上

要提高员工的质量道德，只有从增强和提高员工的质量意识入手，把质量意识教育落实到质量道德建设上来，把质量道德建设融入企业文化之中。

在工作中，员工的质量意识在评估涉及质量的各种情况和相关行为时，为提供了重要的准则。质量意识的协调作用体现在那些与其一致的行为和情况通常会受到认可和支持，得以实施；反之，不符合质量意识规范的行为和情况则可能会引起反对、批评、抵制甚至被终止。因此，质量教育的重要之处在于为员工提供了关于质量的道德和行为准则，使他们能够明确哪些言论和行为是不符合质量标准的，从而引导他们批评并抵制这些不良做法。

如今，许多企业都积极策划和实施企业文化建设计划，其中大多借鉴了中国传统文化的精髓，以培养员工的职业道德为目标。职业道德代表着员工在职业生涯中应该秉持的行为准则和规范，旨在调整职业关系并展现职业特性。质量道德作为职业道德的核心内容，在很大程度上可以视为职业道德的代表。因此，将质量道德融入企业文化建设是至关重要的。

企业文化的资源应当深植于企业的发展历史和实际生产活动中，而非脱离实际，空洞无物。出版企业在挖掘文化资源时，应特别关注记录企业宏观决策、重大活动、重要事件、发展历程、重大成就和荣誉等方面的档案资料。这些资料需要经过整理和加工，使其具备系统性和组织性，以形成完整的企业文化成果。以百年老社商务印书馆为例，商务印书馆的品牌核心内涵之一即为质量。自从创立以来，商务印书馆就秉持着明确的使命："开启民智、昌明教育。"百年来，商务印书馆一直忠实践行这一使命，将其贯穿于企业的整个历程。从 2010 年开始，商务印书馆将企业文化建设作为首要任务，采取了两项重要措施：首先，在整个公司范围内展开广泛讨论，审视"开启民智、昌明教育"这一使命在新形势下是否仍然适用，以及如何在新时代有效践行这一使命。其次，商务印书馆对百年来积累的核心价值观和经营理念进行梳理，通过回顾公司历史，最终提炼出八字价值观"品质、责任、创新、合作"，以及十六字经营理念"在商言商，文化当先；创意无疆，品牌至上"。这一案例表明当质量道德融入企业文化建设，会在企业的成功发展中发挥关键作用。

7.4.4 出版企业质量文化制度层建设

企业质量文化制度由三个部分组成：一是质量体制，二是成文的正式的质量规章制度，三是不成文的非正式的质量制度。

1. 质量体制建设

体制是管理机构和管理规范的结合体或统一体，首先表现为企业的组织方式和组织结构。没有相应的质量管理机构有关质量的规章制度往往就会失去作用，因此企业的质量体制可能比相关的规章制度更重要。质量体制主要由以下内容构成。

（1）负责质量管理工作的组织机构

建立负责质量管理工作的组织机构，是质量体制建设的重要组成部分。相应的质量管理组织机构，能够管理、监视、评价和协调企业的质量管理体系的运行，从而使质量管理体系更高效地发挥作用。在实践中，大多数出版企业都已经建立起诸如质检室之类的质量管理机构，但这些机构一般都只能承担印前质检或者成书后质检的工作，工作内容仅仅限于图书产品本身，相当于只是行使了一部分质量管理的职能，并不是真正意义上的质量管理组织机构。

（2）质量管理工作的组织体系

为了避免出现"人人都说质量重要，人人都不关心质量"的现象，出版企业应当建立专门负责质量管理工作的组织机构。出版企业应当结合自身的性质、规模、组织形式、组织机构、人员构成等方面的特点，根据自己的具体情况来设立适合的组织体系。

（3）各级各类人员的质量职责和权限

全员参与质量管理是全面质量管理的基本要求之一。质量不仅仅是最高管理者和质量管理部门的责任，每个员工的工作质量都会不同程度地或直接或间接地影响产品质量，因而都有相应的质量责任。2009 年版 ISO9004 也规定了"人员的参与和积极性"："组织应当激励员工理解他们的职责和活动在为顾客和其他利益相关方创造和提供价值方面的重要性和意义。"出版企业的质量体制是否能够有效运行，关键就看各级各类人员的质量职责是否落实，质量权限是否合理。

（4）企业内部的沟通机制

企业内部的沟通机制是质量管理顺利推行的基本保证。组织内部的沟通，包括上情下达、下情上传和平级互通，这些都属于质量管理工作的重要内容。因此，出版企业应当充分考虑沟通渠道、方式、时限、反馈路径等，并且形成沟通的网络。

2. 规章制度建设

企业的质量规章制度，相当于是质量制度文化的"基本法"。按照质量管理的要求，质量体制需要用质量手册来规范，用"白纸黑字"确定下来。质量管理最基本的要求就是企业必须形成文件化的质量管理体系。质量文件就是企业成文的正式规章制度。这些规章制度包括质量手册、企业组织机构图、各种规范指南办法条例规定、纪律要求、制度程序、作业指导书、操作要领等。

质量规章制度在企业质量文化建设中的作用表现在如下几个方面。

(1)规范行为和指导质量活动：质量规章制度充当着质量管理体系的框架，为员工提供了明确的行为准则和工作规范。这有助于指导员工如何在日常工作中执行质量相关任务，确保一致性和稳定性，从而提高工作效率和质量水平。

(2)保障质量目标的实现：企业的质量管理体系旨在实现特定的质量目标，如产品质量、客户满意度、效率提升等。质量规章制度的制定应与这些目标保持一致，明确工作流程、职责分工和控制要求，以确保目标的达成。

(3)支持质量教育和培训：质量规章制度是质量教育和培训的重要依据。通过学习和理解这些规章制度，员工能够更好地掌握质量管理的理念、要求和方法。这有助于培养员工的质量意识，使他们能够更好地理解和践行企业的质量文化。

(4)确保质量活动的合规性：质量规章制度通常包括了法律法规和行业标准的要求，以确保企业的质量活动是合法的并符合监管要求。这有助于企业避免法律风险和罚款，维护声誉和信誉。

(5)提高质量管理体系的效力：质量规章制度的存在有助于统一企业内部的质量管理行为，确保不同部门和个人之间的协调和一致性。这有助于质量管理体系的顺利运行，提高了效率和质量水平。

(6)促进持续改进：质量规章制度要求对质量管理体系进行监控和评估，以发现改进的机会。它们可以包括纠正和预防措施，以便不断改进工作流程和质量表现，适应变化的市场需求和客户期望。

有效的规章制度是提高出版物质量的关键和基础。建立高效、科学的制度可以在各个环节有效保障出版物的质量，同时激发每位工作人员增强质量意识。出版组织应根据国家法律法规制定适用于本组织的管理规定。这些管理规定应明确企业的关键任务和重要工作方向，针对各个环节制定详细规定，并随着实际出版情况和执行情况的变化进行及时调整，以全面规范出版活动。此外，制定制度后必须采取具体措施来确保制度的贯彻执行。在实施过程中，应定期进行自我评估，及时纠正各个环节出现的问题，不断改进工作方式。同时，建立相关奖惩机制，对于贡献卓越质量的人员，应及时予以奖励。这有助于提高相关负责人的质量意识，进一步提升整体质量水平。

3. 非正式质量制度建设

所谓非正式质量制度是指企业内部存在但没有正式文件或明确规定的，然而在实际操作中得到了企业管理者默许或认可并能够有效执行的质量管理制度。通常，这些非正式制度是通过企业员工的质量习惯、传统做法和工作风格所体现出来的，管理者往往默许或认可其存在。

实际情况表明，并非所有质量相关行为和活动都需要详细的书面规章制度来规范。过多的制度可能导致"文件泛滥症"，降低管理效率。因此，以质量习惯、传统做法和工作风格为表现形式的非正式质量制度成为正式书面制度的有益补充。为了赋予那些良好的质量习惯、传统和工作风格以合法性，企业可以通过宣传、表扬和奖励等方式来鼓励它们，有必要时可以将其正式化并记录成文。

然而，对于那些不符合企业质量方针和目标，与规章制度相冲突的质量习惯、传统和工作风格，则应采取批评和处罚等措施进行制止，必要时可以通过制定正式书面规章制度来予以明确禁止。

7.4.5 出版企业质量文化行为层建设

1. 行为模式建设

人的行为可以分为两种范畴：一是受到明确的、有意识控制的，伴随明确的动机和目标；另一种则是无意识、下意识或潜意识驱动的，缺乏明确动机和目标的指导。在这一框架下，员工的质量行为通常属于前者，受到质量意识的直接引导。通过质量文化建设，可以增强员工的质量意识，并通过制定规章制度对相关的质量行为进行规范，以确保这些行为与企业的需求相一致。

员工的质量行为受到多个因素的制约。首先，企业环境条件发挥关键作用，特别是人文环境，包括企业的质量制度、质量文化和质量要求等。其次，员工的角色和职责，例如所在的岗位以及负责的质量职责，也会对质量行为产生影响。

最重要的是员工的质量意识，质量道德为他们划定了行为的底线。

鉴于企业的质量工作牵涉众多领域，从产品设计到生产制造，从采购到销售，每个环节都可能涉及质量问题，因此需要在每个工作岗位上建立相应的质量行为模式。企业质量行为模式的建设不仅要关注具体的质量行为，还需要考虑整个企业的质量行为模式，以确保各项工作相互协调，为实现质量目标提供服务。

（1）质量习惯

从心理学角度来看，习惯是一种内化的行为方式，经过多次重复采用特定处理方法而形成的。质量习惯是指企业或个体在处理与质量相关的事务时，经过多次重复的实践后，形成的一种稳定的行为方式和处理模式。这种行为方式已经融入个体或组织的日常工作和业务流程中，成为一种习以为常的质量行为准则。

质量习惯可以是积极的，有助于提高产品或服务的质量，例如，定期检查产品以确保其符合质量标准，及时修复潜在的质量问题等。然而，质量习惯也可以是消极的，导致质量下降，例如，对质量问题视而不见，不采取纠正措施，或者频繁追求短期利益而牺牲了长期质量等。

质量习惯的形成通常需要一定的时间和经验积累，它可以受到组织文化、领导风格、员工培训等因素的影响。有效的质量管理和质量文化建设可以帮助塑造和强化积极的质量习惯，从而提高产品或服务的质量水平。

在企业中，一旦质量习惯形成，改变它往往是一项艰巨的任务。良好的质量习惯符合质量方针的要求，有助于实现质量目标，并遵守正式质量制度的规定。相反，不良的质量习惯则背离了这些原则。因此，企业需要创造有利于培养员工良好质量习惯的环境，通过强化质量教育和强化质量管理来实现这一目标。

（2）质量传统

不同企业拥有不同的质量传统。质量传统是企业历史上积淀下来的质量体制、质量行为方式、质量方法和质量习惯的集合。实践已经证明，不论企业是引入了全面质量管理理论还是根据自身现有的管理模式进行管理，它们都深受企业自身历史中形成的质量传统影响。举例而言，科学出版社秉持着"三高三严"的卓越传统和精神，传承着"科学人"的工匠精神，一直秉持着质量至上的原则，确保"周期、数量"服从"质量"。这种传统不仅影响着企业的质量文化，也在一定程度上决定了企业对待质量的态度和处理质量问题的方法。因此，企业应该珍视并传承有益的质量传统，同时，也要不断改进和更新，以适应不断发展和变化的市场和质量要求。质量传统的传承和创新是质量文化建设中的一项重要工作，它直接关系到企业的长期发展和竞争力的提升。

（3）质量作风

作风，是指在思想、工作、生活等多个方面表现出来的相对稳定的态度或行为风格。质量作风则是员工在处理与质量相关问题时所表现出的持续性态度和行为模式。

质量作风受多种因素影响，包括员工的个性特征、质量意识以及质量道德等。这些因素会塑造员工对质量的整体态度。同时，员工在长期参与质量相关活动中逐渐形成的行为模式也构成了质量作风的一部分。值得注意的是，不同员工可能具备不同的质量作风，而在同一组织内，相似的质量作风在员工群体之间可能会显著地传承和共享。

2. 企业开展的质量活动

从质量文化建设的角度来看，各种形式和内容的质量活动不仅是企业的一种质量行为，也构成了企业物质文化建设的关键组成部分，对于提升员工的质量意识具有重要的意义。其中，质量管理活动是最为重要的一项。

（1）质量活动的重要性

定期进行质量活动具有多重意义。首先，它有助于形成积极的群体心态和行为氛围，推动质量文化朝着积极向上的方向发展。"全员参与"是全面质量管理的基本要求之一，而广泛的群众性质量活动能够显著提升企业的产品质量和质量管理水平。

这些质量活动的开展可以促使员工更深入地理解和接受企业的质量理念，使其在日常工作中更加关注和追求高质量的成果。此外，这些活动还有助于发掘潜在的质量问题，及时采取纠正措施，提高生产效率，降低成本，提升企业的综合竞争力。因此，质量活动的持续开展对于企业的质量文化建设和整体经营绩效都具有积极的推动作用。

（2）企业群体性质量活动的内容和形式

第一，质量教育。全面质量管理的一个重要思想，就是"始于教育，终于教育"，质量教育是企业不可或缺的质量文化建设活动之一。

第二，质量改进活动。质量改进是全面质量管理的必要环节，企业应当采取相应的措施，鼓励、支持、保护质量改进的活动。QC 小组活动就是质量改进较好的组织方式，但是要注意避免形式主义的弊端。

第三，全国性的质量检查活动。每年春季我国会启动全国范围内的图书质量专项检查工作，出版企业也要积极配合。正是不断地把问题暴露在公共视野，使质量成为政府和全社会都十分关注的社会问题，才逐渐提升了全民的质量意识，也使得企业的质量管理水平得到提高。

第四，质量整顿活动。让企业的产品质量或质量管理出了重大问题，往往需要开展质量整顿活动，扭转质量方向。但是这种活动不可能经常性地进行。

第五，质量评选和质量奖惩活动。政府和相关社会团体推出的质量评选和质量奖惩活动，出版企业应当积极参与。此外企业本身也应当定期或不定期开展评选，质量先进、质量标兵之类的活动，并将质量纳入日常的考核奖励中。例如，科学出版社制定了《编辑选题策划奖评审办法》，鼓励编辑钻研业务，精心组织和策划重点重大项目、双效益突出的精品图书。为了进一步提升员工的质量意识，出版社还计划将"选题策划奖"拓宽为"优秀编辑奖"，引导编辑从关注选题策划到关注图书出版全过程，鼓励和倡导编辑发挥"工匠精神"，在某一专业领域精耕细作，成为做好书、做精品书的优秀编辑。

第六，其他质量活动。例如与兄弟单位的质量走访活动、质量监督员活动、质量宣传活动、质量讲评活动等等，都应当在克服形式主义弊端的基础上适时展开，同时注意不断创新质量活动的内容和形式，吸引全员参与。

7.4.6 出版企业质量文化物质层建设

质量文化物质层建设是指在企业质量文化建设过程中，通过建立一系列物质条件和设施，以支持和促进质量文化的形成和发展。这一层面的建设旨在为员工提供必要的工作环境、资源和设备，以便他们更好地理解、实践和践行质量文化的核心价值观和原则。具体包括质量设施建设和质量形象建设。

1. 质量设施建设

质量设施建设是企业质量文化的不可或缺的一部分，它承载了企业对于产品和服务质量的实际要求和期望。这一方面是为了满足客户的需求和期望，另一方面也是为了维护企业的声誉和竞争力。

首先，基础设施的建设对于企业的正常运营至关重要。厂房、库房、办公室等基础设施的合理规划和建设，不仅提供了员工舒适的工作环境，还为生产过程提供了必要的支持。例如，稳定的水电气供应、便捷的交通条件，都直接影响着生产效率和质量管理的顺利进行。此外，环境保护和维护也是企业社会责任的一部分，它们对于维护生态环境和社会形象具有重要作用。

其次，相关设备的选择和维护至关重要。生产设备的性能和可靠性直接关系到产品的质量。企业需要投资于各种生产设备和工具，确保它们能够满足产品质量的要求。同时，通信设施的完善也有助于信息的及时传递和沟通，从而提高团队的协作效率。

再次，质量设备的引入对于质量控制至关重要。监视和测量装置的使用可以帮助企业实时监测生产过程中的关键参数，及时发现问题并采取纠正措施，从而确保产品的一致性和稳定性。这些设备对于实施全面质量管理和质量改进活动具有关键作用。

最后，工作环境的改善不仅提高了员工的工作满意度，还有助于提高生产效率和产品质量。一个清洁、整洁、安全的工作环境有助于员工更好地专注于工作，减少了操作失误和事故的风险，从而为质量管理提供了有利条件。

总之，质量设施建设是企业质量文化的基础，它们不仅为质量管理提供了必要的支持和条件，还体现了企业对于质量的高度重视和承诺。通过不断改进和投资于质量设施，企业能够更好地实现质量文化的目标，提高产品和服务的质量水平，赢得客户的信任和市场竞争的优势。

2. 质量形象建设

质量形象建设对于企业的长期发展和竞争优势具有重要意义。质量形象不仅是企业在外部市场上塑造的品牌形象，还包括了内部员工对企业质量文化的认同和体验。

首先，对外的质量形象是企业在市场中留下的印象，它直接关系到顾客、相关方和社会对企业的信任和评价。这一形象是通过企业的产品质量、服务质量以及对顾客的关怀和回应等多个方面塑造的。产品形象涵盖了产品的性能、可靠性、耐用性等特点，而服务形象则包括了售前咨询、售后服务、客户反馈等方面的表现。质量信誉是企业在市场中建立起来的声誉,它是基于企业的质量管理和质量保障体系,客户满意度以及产品质量的历史记录等因素共同形成的。品牌形象是企业的品牌价值和知名度,它通常基于长期的品牌宣传、市场推广和产品创新等方面的工作。此外,企业社会责任也是构建对外质量形象的重要组成部分,它包括了企业在社会环境保护、公益慈善、员工福利等方面的表现。

其次,对内的质量形象体现在企业内部员工对质量文化的认同和践行。一个积极向上的质量形象可以在企业内部营造出一种质量氛围,激发员工的质量意识和质量责任感。员工对企业的质量文化的认同,将直接影响他们的工作态度、工作质量以及对质量管理的积极性。这种内部的质量形象建设是企业质量文化的核心,需要通过质量教育、培训和内部沟通等方式来推动。

企业对外的质量形象和内部员工对质量文化的认同,这两者相辅相成,共同构建了企业的整体质量形象。通过不断提升产品质量、加强客户关系管理、积极履行社会责任以及培养员工的质量意识,企业可以树立积极的质量形象,从而取得市场竞争的优势,实现可持续发展。

结　　语

"质量强国"不仅是我国发展的核心理念，而且是推动我国从质量大国向质量强国转变的重要动力。对于出版企业而言，这不仅是一种号召，更是对其未来发展方向的要求。本书的研究正是为响应这一召唤，对融合发展时代的出版企业如何更好地进行质量管理进行探讨。

面对媒体融合带来的挑战，出版企业需要对其质量管理进行全面的反思和创新。通过引入现代质量管理理论和方法，确保在融合发展的过程中，出版产品的质量得到持续提升。这不仅关乎一个企业的竞争力，更关乎整个出版行业的健康和持续发展。

本书全面回顾了出版质量管理的历史和现状，勾画出出版业质量管理进化的全景。这不仅展示了出版业质量管理从无到有、从粗放到精细的成长过程，也为我们揭示了当前的质量管理模式存在的问题和挑战。特别是在媒体融合的大潮下，传统的出版企业如何面对和适应这种变革，成为业界普遍关注的话题。

本书通过引入 ISO9000 质量管理体系，为出版企业提供了一套国际认可的、结构清晰的质量管理方案。这不仅有助于出版企业建立起了一套系统的、科学的质量管理机制，也为企业带来了持续改进和提升的动力。结合"朱兰质量管理三部曲"，本书进一步探索了如何在出版过程中，对每一个环节进行细致的、有序的质量管理。从选题策划到最后的发行，每一个步骤都需要经过严格的质量控制和持续的质量改进，以确保出版物都能达到最高的质量标准。

技术和管理的方法是外在的，而真正推动企业持续高质量发展的，是其内在的企业文化。如何建立和培育一个以质量为核心的企业文化，是每一个出版企业需要思考的问题。这不仅仅是一个管理问题，更是一个文化问题，涉及人的思维、价值观、行为方式等深层次的改变。为出版企业的质量文化建设探索路径，是本书最为重要的议题。

　　然而，正如我们所了解的，质量管理领域永远都在不断发展变化，因此，本书的研究仅仅是一个起点，我们仍然需要进一步关注一些未来的研究方向，以更好地满足出版业持续发展的需要。

　　首先，本书主要关注了质量管理在出版企业中的应用，但未来的研究可以进一步深入探讨不同类型出版企业（如学术出版、大众出版、数字出版等）在媒体融合时代中面临的不同质量管理挑战和策略。不同类型的出版企业可能需要制定不同的质量管理模式，因此，对其进行更详细的研究具有重要意义。

　　其次，尽管 ISO9000 质量管理体系在本书中得到了充分讨论，但未来的研究可以考察其他质量管理标准和方法对出版企业的适用性。随着质量管理领域的不断发展，可能会出现新的质量管理工具和方法，这些工具和方法是否适用于出版业，需要进一步研究。

　　再次，本书主要关注了质量管理的内部因素，但未来的研究可以更多地考虑外部因素对出版企业质量管理的影响，如政府政策、市场竞争、读者需求等。这些外部因素对出版企业的质量管理决策和策略产生重要影响，值得深入研究。

　　最后，随着科技的不断发展和社会的变化，媒体融合时代的特点也在不断演化，未来的研究可以关注这些变化对出版企业质量管理带来的新挑战和机遇。例如，人工智能、大数据等新技术的应用可能对质量管理产生重大影响，这是一个值得关注的研究领域。

　　希望本书能够为广大出版人提供指导和思考，引领我们共同走向一个高质量发展的新时代。希望本书能为出版行业的实践者和研究者提供有价值的参考和启示。

附录

专家访谈提纲①

一、出版社质量管理概况

1. 您所在的单位是如何进行质量管理的？您认为出版单位的质量观是聚焦于产品的还是着眼于全局的？

2. 质量管理部门发挥了怎样的作用？

3. 你是怎样组织质量活动的？

4. 在组织质量活动的过程中，您有哪些经验？

5. 在融合发展的新业态下，您认为出版质量管理需要应对哪些挑战？

6. 您如何理解出版质量管理与品牌的关系？

7. 您认为出版单位目前的质量管理存在哪些问题？

二、出版企业质量管理体系

1. 您所在的单位的组织结构是怎样的？

2. 各部门的职责权限是什么？

3. 出版单位内部实行了哪些与质量相关的规章制度？

4. 这些规章制度的执行情况如何？

5. 出版单位是否引入了某种管理系统来提高质量管理的效率、提升决策能

---

① 因被访谈对象所处的工作岗位与擅长领域不同，故本提纲执行时会根据被访谈对象进行调整，多为专题、深入访谈。(作者注)

力？引入的是哪种系统？

三、出版企业的质量策划

1. 您的单位是如何围绕质量品牌制订质量战略的？

2. 出版单位的最高管理层是如何将企业的质量战略目标传达给各部门及全体员工？

3. 出版单位的质量策划活动是围绕哪些内容展开的？

四、出版企业的质量控制和改进

1. 基于出版流程的不同环节，您的单位是如何进行质量控制和改进的？

2. 你认为质量控制和改进存在的问题是什么？

五、质量文化建设

1. 您所在的出版单位是否从战略角度进行了质量文化的顶层设计？

2. 质量文化的定位是什么？

3. 质量文化是通过何种机制推进出版单位的质量管理工作的？

4. 如何测量、评估质量文化建设的成效？

主要参考文献

著作：

1. 约瑟夫·A. 德费欧，弗兰克·M. 格里纳. 朱兰质量管理与分析[M]. 苏秦，张鹏伟，译. 北京：机械工业出版社，2017.

2. 约瑟夫·A. 德费欧. 朱兰质量手册 通向卓越绩效的全面指南[M]. 北京：中国人民大学出版社，2014.

3. 詹姆斯·R. 埃文斯，威廉·M. 林赛. 质量管理与质量控制：第7版[M]. 焦叔斌，主译. 北京：中国人民大学出版社，2010.

4. 方圆标志认证集团有限公司. 质量和质量管理——ISO9001：2015质量管理体系标准理解与应用[M]. 北京：中国质检出版社、中国标准出版社，2017.

5. 何桢，陆俊睿. 质量文化：自觉、自信与自强[M]. 天津：天津大学出版社，2022.

6. 李正权，孙磊. 企业质量文化建设[M]. 北京：中国质量标准出版传媒有限公司、中国标准出版社，2019.

7. 戚维明，罗国英. 质量文化建设方略[M]. 北京：中国标准出版社，2011.

8. 王勇安，郝杰，郭永新. 出版质量管理概论[M]. 西安：陕西师范大学出版总社有限公司，2012.

9. 中国质量协会. 全面质量管理：第四版[M]. 北京：中国科技出版社，2018.

论文：

1. 陈光耀. 数字出版物如何走出质量建设困境[J]. 中国出版，2013(12)：40-42.

2. R. W. 霍耶,布鲁克·B. Y. 霍耶,颜福祥. 何谓质量?世界八位著名质量专家给质量定义[J]. 中国质量技术监督,2002(1):52-54.

3. 阿拉坦沙. 试论新体制新业态下如何做好出版物质量管理[J]. 文化产业,2021(19):140-141.

4. 蔡克难. 从治本入手提高出版物质量[J]. 中国出版,1997(10):26-27.

5. 曹振中. 加快出版产业结构调整,提高出版物质量[J]. 出版广角,2018(11):12-14.

6. 陈光耀. 数字出版物如何走出质量建设困境[J]. 中国出版,2013,317(12):40-42.

7. 陈宏平,屈湘玲. 略论图书出版质量的保障措施[J]. 出版科学,2011,19(3):60-62.

8. 陈晓溪. 新时代对出版物质量管理的思考——以接力出版社为例[C]//中国编辑学会. 新业态 新挑战 新思维——中国编辑学会第21届年会获奖论文集,2020:347-357.

9. 程辉,赵长杰. 发挥总编室职能作用,提高图书出版质量——以重庆出版集团总编室为例[J]. 出版广角,2014,217(1):82-84.

10. 程顺祺. 数字出版环境下教辅图书质量管理耦合体系的创建——以地理学科为例[J]. 中国编辑,2017(9):46-50.

11. 崔青峰. 加强和完善出版社图书质量检查的思考[J]. 科技与出版,2014,235(7):58-60.

12. 董中锋. 论质量监管在出版业发展方式转变中的作用[J]. 中国编辑,2016,81(3):8-11.

13. 杜贤. 坚持"九三一"质量控制体系,全程全员全面提升图书出版质量[J]. 科技与出版,2013,219(3):4-6.

14. 方八另,聂勇. 试析校对抽样在提高出版物质量中的功能[J]. 中国编辑,2006(3):40-41.

15. 方厚枢. 建国初期提高出版物质量的主要措施[J]. 出版发行研究,2002(12):67-71.

16. 符晓静. 媒体融合发展中出版管理运营机制初探[J]. 出版参考,2020(1):30-32.

17. 桂本东．关于建立健全出版产品准入制度的思考［J］．中国出版，2009（Z1）：12-15.

18. 桂方海，褚骊英，代召辉．以品牌建设推动图书出版业高质量发展［J］．出版参考，2020（11）：5-9.

19. 郭丹．建立目录类图书质量保证体系［J］．科技与出版，2007（12）：39-40.

20. 郭德征．从提高出版物质量入手　推动出版业大发展大繁荣［J］．中国出版，2008（1）：57-58.

21. 韩志伟．创造出版物质量的十种质量意识［J］．编辑学刊，2000（3）：8-9.

22. 何皓．图书质量：出版宏观管理的一个重要范畴［J］．出版科学，2010，18（1）：31-36.

23. 何皓．论图书质量管理［J］．图书情报知识，2003（4）：93-94.

24. 何奎．加快"十二五"出版内容创新与质量监管的国际化进程［J］．出版广角，2011，177（9）：15-18.

25. 贺子岳，孙治鑫．基于融合出版流程的出版社组织创新研究［J］．出版科学，2019，27（2）：60-64.

26. 虹飞．质量是出版业的生命线［J］．中国出版，2007（3）：1.

27. 胡程立．图书质量控制研究［D］．武汉：武汉大学，2005.

28. 胡玉玺，汪凡云．破解融合出版物质量管理难题的思考与建议［J］．中国出版，2022（4）：38-41.

29. 黄春杨，陈航，王蓬勃．引入 ISO9000 系列质量体系标准建立期刊内部质量管理与保证体系［J］．航海教育研究，1998（3）：96-98.

30. 黄先蓉，陈文锦．新时代新阶段再谈严把出版物质量关的重要性［J］．科技与出版，2023（5）：72-78.

31. 黄先蓉，陈馨怡．建党百年我国出版业高质量发展成效与展望［J］．中国编辑，2021（6）：12-17.

32. 健文．出版物质量问题的现状及其应对策略［J］．编辑之友，2013，197（1）：11-17.

33. 健文．出版物质量问题的现状及其应对策略［J］．编辑之友，2013（1）：11-17.

34. 姜爱萍. 图书质量管理与监控的实施[J]. 现代出版, 2013, 83 (1.): 65-67.

35. 姜庆乐. 建立图书质量保障体系之关键点分析[J]. 科技与出版, 2014, 234 (6): 76-78.

36. 金鑫荣. 强化制度落实, 建立图书质量保障机制[J]. 科技与出版, 2011, 198 (6): 28-29.

37. 靳琼, 陆嘉琦. 保障图书质量的关键在于管理[J]. 中国编辑, 2016, 83 (5): 4-9.

38. 孔希. 以提升书稿质量为抓手, 推动出版高质量发展[J]. 出版参考, 2019 (4): 71-73, 77.

39. 李宝东. 提高出版物质量应处理好六大关系[J]. 科技与出版, 2018 (12): 197-202.

40. 李宝东. 提高出版物质量应强化"三大意识"[J]. 出版参考, 2018 (12): 55-57.

41. 李东东. 提高编辑产品质量　推进和谐文化建设[J]. 中国编辑, 2007 (4): 1.

42. 李锋, 匡敏. 坚持正确导向, 弘扬工匠精神, 提升图书质量——科学出版社图书质量管理探索与实践[J]. 中国出版, 2021 (8): 14-17.

43. 李桂福, 焦晗. 从出版实践思考提高出版物质量的路径[J]. 出版广角, 2018 (11): 15-17.

44. 李红强. 出版单位的出版物质量保障机制研究[J]. 出版广角, 2012 (8): 72-74.

45. 李红强. 民营文化公司与出版物质量保障机制研究[J]. 编辑之友, 2013 (1): 18-20, 23.

46. 李敏, 何增明. 供给侧改革视野下图书编校质量问题与对策[J]. 科技与出版, 2016, 264 (12): 52-56.

47. 李明清. 出版物质量提升的路径探析——从加强出版物质量监管入手[J]. 新闻爱好者, 2020 (12): 57-59.

48. 李旗. 实现出版业高质量发展的标准化路径探析[J]. 科技与出版, 2020 (10): 13-18.

211

49. 李茹．质量管理体系与出版社管理[J]．中国质量，2013(5)：47-48.

50. 林青山．社会效益优先，对图书内容质量实行全过程管理[J]．科技与出版，2018(9)：72-75.

51. 林清发．产业融合时代质量管理的"三个转变"[J]．出版参考，2015(1)：13-14.

52. 刘建华．党的十八大以来我国出版业新态势、新变化与新体制[J]．中国出版，2022(16)：14-18.

53. 刘明．温故知新，薪火相传：重温"中国质量之父"刘源张院士论述中国全面质量管理[J]．上海质量，2019(6)：17-20.

54. 刘清田．策划编辑与加工编辑分离下的出版物质量风险与防控[J]．中国编辑，2016(6)：12-14，18.

55. 刘清田．论组稿质量方面的几个问题——以高校教材为例[J]．现代出版，2010(6)：57-58.

56. 刘银娣．我国电子书质量管理现状与对策研究[J]．科技与出版，2014，236(8)：65-68.

57. 刘玉一．新体制新业态下如何做好出版物质量管理[J]．科技与出版，2017(5)：72-74.

58. 陆强．在传统与现代融合中探寻新的路向——关于新时代出版高质量问题的思考[J]．出版广角，2018(11)：26-29.

59. 满福玺．出版业高质量发展基本路径探析[J]．出版广角，2018(11)：30-32.

60. 孟坤．用风险管理方法抓质量——编辑室出版物质量管理方法初探[J]．中国编辑，2017(11)：61-65.

61. 宁伟．出版融合发展背景下编辑工作面临的新变革[J]．出版广角，2020，357(3)：40-42.

62. 牛志娟．建立以 CS 为导向的出版物质量管理体系[J]．质量与市场，2021(10)：62-64.

63. 潘朝曦．我国出版物质量低下的根源在哪里[J]．编辑学刊，1998(6)：27-29.

64. 齐峰．加快推进我国出版文化产品质量评价体系的构建[J]．编辑之友，

2014，214（6）：6-12.

65. 邱国栋，黄睿．新旧媒体融合发展的创新管理研究——以辽宁出版集团组织结构演进为例［J］．科技与出版，2014（9）：23-26.

66. 饶邦华．强化过程质量控制 全面提高图书质量［J］．中国出版，2008，210（6）：73-74.

67. 任剑乔．关于中小型出版社提高图书质量的思考［J］．现代出版，2017（2）：41-43.

68. 容秀英．我国企业质量文化构建研究——日本的启示与借鉴［J］．科技管理研究，2015，35（12）：237-241.

69. 沈波．试析国内电子出版物质量控制的常见问题［J］．科技与出版，2001（6）：19-20.

70. 施东毅．PDCA 循环在图书质量管理中的应用［J］．中国管理信息化，2011，14（12）：61-62.

71. 施歌．数字出版质量管理人才培养与体制创新［J］．编辑之友，2018（5）：78-80.

72. 史小丽．电子出版物质量评价初探［J］．编辑学刊，2000（6）：23-24.

73. 宋原放．为提高出版物质量而斗争［J］．编辑之友，1992（6）：11-12.

74. 苏雨恒．加强质量管理 推动产业升级与业务转型——关于出版物质量问题与对策的思考［J］．中国编辑，2009，38（2）：8-10.

75. 孙浩，罗时嘉．基于 PDCA 循环的图书质量控制研究［J］．编辑之友，2009，145（1）：63-65.

76. 孙俊青，刘永俊．新中国 70 年出版管理体制的演进与改革启示［J］．北京联合大学学报（人文社会科学版），2019，17（3）：29-36，90.

77. 孙芸．版式校对在出版物质量中的地位［J］．中国出版，1998（3）：40-41.

78. 汪明瑾．一种出版物质量控制的统计方法［J］．数理统计与管理，2008（1）：130-132.

79. 汪晓军．出版物质量与出版产业发展——"出版物质量管理年"随想［J］．中国编辑研究，2009（0）：28-32.

80. 王建军．项目图书的质量控制［J］．科技与出版，2017（1）：64-66.

81. 王书挺，赵玉杰．树意识、建体系、重执行，把质量意识贯彻到出版工作全流程——浅谈人民邮电出版社的质量管理工作[J].科技与出版,2014(10):11-14.

82.王曦.新中国成立以来我国图书出版业发展数据分析[J].出版发行研究,2020(6):90-98.

83.王延兵.以选题为核心的图书全过程质量管理刍议[J].出版参考,2022(3):42-45.

84.王勇安,郝捷.出版的文化本位与图书质量关系研究[J].出版发行研究,2007(8):27-30.

85.王勇安.论图书选题质量管理的意义、内容和方法[J].出版发行研究,2008,194(1):29-32.

86.王友富.教材类电子出版物质量管理初探[J].中国出版,2006(2):44-45.

87.王忠诚.出版社建立ISO9000族质量管理体系的思考[J].科技与出版,2005(4):20-21.

88.魏春玲,雷鸿昌.试论图书质量过程控制及体系建构——以兰州大学出版社为例[J].中国编辑,2016,82(4):8-13.

89.吴明华.确保图书质量的管理思考与探索[J].科技与出版,2019,295(7):23-26.

90.鲜大立.基于卓越绩效模式的质量文化建设[J].中国质量,2018(9):16-21.

91.肖武.电子工业社管理创新再突破ISO9001质量认证新进阶[J].出版参考,2003(3):9.

92.邢海鹰,刘华.用系统工程思想指导图书质量建设[J].科技与出版,2013,219(3):7-10.

93.阎瑜,孙艳华.我国电子出版业的发展及其质量管理[J].西南交通大学学报(社会科学版),2006(5):154-157.

94.阳梅.精品意识下出版物质量管控——以出版社总编室管理与服务为例[J].中国出版,2018(24):40-42.

95.杨石华,陈卓.出版项目制:图书质量保障的有效实践方式[J].出版广角,2019(15):20-23.

96. 杨石华. 当代中国出版社会监督的发展历程、演进逻辑及完善路径[J]. 科技与出版, 2021(10): 37-43.

97. 杨迎会. 新时代图书出版单位的高质量发展与规范化——从《图书出版单位社会效益评价考核试行办法》谈起[J]. 出版广角, 2019(7): 30-33.

98. 叶水金. 严守图书质量生命线——写在"出版物质量规范年"[J]. 科技与出版, 2012(9): 46-47.

99. 易图强. 以内容创新促出版物质量——内容创新驱动性图书质量评价与绩效考核刍议[J]. 出版广角, 2018(11): 18-21.

100. 尹建国. 扩大并落实电子出版物质量管理的层次和深度[J]. 大学出版, 2003(1): 38-40.

101. 于殿利. 论媒体融合与出版的关系[J]. 现代出版, 2020, 126(2): 59-65.

102. 于玲玲. 基于全面质量管理思维的图书出版质量管理策略浅析——以中国水利水电出版社实践为例[J]. 出版参考, 2019, 797(7): 76-78.

103. 张宏. 数字出版物的质量要素及质量管理监控机制[J]. 中国编辑, 2016, 80(2): 4-9.

104. 张华, 王素芳. 动态管理是提高图书质量的抓手[J]. 中国编辑, 2014, 70(4): 37-40.

105. 张金. 媒体融合出版的运营管理之道[J]. 出版参考, 2016(11): 11-12.

106. 张瑞敏. 互联网时代《朱兰质量手册》的精神实质[J]. 上海质量, 2014, 294(2): 14-15.

107. 张新新. 传统出版与新兴出版深度融合, 推进数字出版高质量发展——2019年度数字出版盘点[J]. 科技与出版, 2020, 303(3): 13-27.

108. 张芝雄, 李香麟. 新时代背景下出版集团图书质量管理——以江西省出版集团公司为例[J]. 科技传播, 2018, 10(9): 171-172.

109. 张卓冉. 图书编校质量浅谈[J]. 中国出版, 2011, 280(23): 35-38.

110. 赵更吉. 论编辑"名利观"与出版物质量[J]. 兰州大学学报, 2003(6): 152-153.

111. 赵力. 如何做好出版物质量管理——以中国建筑工业出版社为例[J]. 出版发行研究, 2014(3): 103-104.

112. 赵朋举. 图书出版项目全生命周期质量管理研究[J]. 出版广角, 2015,

247(7)：106-108.

113. 周百义. 从三个维度看融合出版[J]. 中国出版，2019，450(1)：15-17.

114. 周百义. 构建质量保障体系　助力"十四五"出版规划实施[J]. 中国编辑，2022(3)：9-13.

115. 周蔚华. 朱兰质量管理理论及其对出版质量管理的启示[J]. 出版发行研究，2019(2)：5-11.

116. 庄红权，胡超. 出版业高质量发展战略：理念、制度与实践[J]. 出版广角，2022(5)：23-28.

117. 左丹冰. 类型化思维助力提高出版物质量[J]. 全国新书目，2020(9)：87-89.

118. Baack A J . Using quality management for cultural transformation of Chinese state enterprises：A case study[J]. Journal of Quality Management，1998.

119. Gadenne D，Sharma B. An investigation of the hard and soft quality management factors of Australian SMEs and their association with firm performance[J]. International Journal of Quality & Reliability Management，2009.

120. Khiste G P，Maske D B，Deshmukh R K. Analysis of Publication Productivity of Consortia by J-Gate Database[J]. Research Journal of humanities and social sciences，2018，9(1)：277-280.

121. Lkay M S，Aslan E . The effect of the ISO9001 quality management system on the performance of SMEs[J]. International Journal of Quality & Reliability Management，2012，29(7)：753-778.

122. Tarí J J. Components of successful total quality management[J]. The TQM magazine，2005.